HUZURDAN
ESİNTİLER

Ahmet KURUCAN

HUZURDAN ESİNTİLER

Ahmet KURUCAN

HUZURDAN ESİNTİLER

Editör
Ömer ÇETİNKAYA

Kapak
Engin ÇİFTÇİ

Sayfa Düzeni
Ahmet KAHRAMANOĞLU

ISBN
978-975-278-497-0

Yayın Numarası
575

Basım Yeri ve Yılı
İmak Ofset
Ser. No : 12531
Merkez Mh. Atatürk Cd.
Göl Sk. No: 1 Yenibosna - İSTANBUL
Tel : 0212 656 49 97
Ocak 2013

Genel Dağıtım
Gökkuşağı Pazarlama ve Dağıtım
Merkez Mah. Soğuksu Cad. No: 31 Tek-Er İş Merkezi
Mahmutbey/İSTANBUL
Tel: (0212) 410 50 60 Faks: (0212) 445 84 64

Işık Yayınları
Bulgurlu Mahallesi Bağcılar Caddesi No: 1
34696 Üsküdar/İSTANBUL
Tel: (0216) 522 11 44 Faks: (0216) 522 11 78
www.isikyayinlari.com
facebook.com/kitapkaynagi

İÇİNDEKİLER

İTHAF

Beni sohbet koridorlarına lütfen ve
keremen kabul buyuran
aziz Hocama...

TAKDİM

Sohbet Medeniyeti

Sahabe mesleği bir sohbet kahramanlığıdır.

O mertebeye nail olabilmek için bir kerecik de olsa Peygamberimiz'in (sallallahu aleyhi ve sellem) bahar bahçesini andıran nurlu sohbet halkasında bulunmuş olmak gerekir.

Nitekim her an vahyin taze ışıkları altında kaynayan sohbet pınarlarında, inançsızlığın kızgın çöllerinde can çekişen ölü canlar yeniden dirilmiş; o güne kadar uçsuz bucaksız çöllerde kendi benlik ve enaniyetleri uğruna at koşturan Arabın yağız yiğitleri yüce ideallerinin ufkuna at sürmeye başlamışlardır.

O sohbetler bir devre değil, günümüze kadarki bütün asırlara can vermiş, gelecek asırlara da vermeye devam edecektir.

Bazıları Osmanlı için "Osmanlı bir sohbet medeniyetidir." der. Osmanlı medeniyetinin yok oluşunu sohbet geleneğinin kaldırılışına bağlayanlar bile var.

Ben bu yaklaşımı çok doğru buluyorum.

Tekkeler, zaviyeler, kıraathaneler sohbetin en çok yapıldığı yerlerdi.

Osmanlı sultanları sarayda 'huzur dersleri' tertip eder, devrin şeyhü'l-İslâm'ı ve âlimler sohbet eder, padişah ve diğer devlet erkânı da dinlerdi.

Osmanlı'da mektep medrese görmeyen kimseler bile bir sokağın başında bulunan kıraathaneye uğradıklarında bir yandan sıcak çaylarını yudumlarken diğer yandan sözü sohbeti dinlenir birinin etrafında halkalanarak onu can kulağıyla dinleme imkânına sahip olurlardı.

Eskiler "Tarla harktan, insan kulaktan sulanır." derlermiş...

Ben buna şahidim. Yaşadığım bunca ömürde, kendimi pek talihli saydığım anlar Fethullah Gülen Hocam'ın sohbet halkasında bulunduğum anlardır.

Ben hayalleri köyünün dağları ile sınırlı kuru bir ağaçtım. Karlı fırtınalı bir günde o sohbet pınarına ulaşıp da göz göze geldiğimizde bahar görmüş bir dal gibi damarlarıma can yürüdüğünü hissettim.

O gün bu gün hayallerim, düşlerim, sevdalarım değişti.

İlkin Ege bölgesi camilerinde dinlemeğe başladığım bu insanın kürsülerden kükreyişini, inleyişini, ağlayışını, ıstırabını, yeni bir neslin dirilişi için cami cemaatine yalvarışını gözlerimle gördüm. Bir ömre bedel bildiğim o güzel günleri her hatırladıkça hep "Hey gidi günler!" derim.

Hekimoğlu İsmail Ağabey Hitap Çiçekleri'nde o günleri; "Ege Bölgesi camilerinde, camilerin bulunduğu yerlerde, sanki minare gölgelerinde bir adam vardı. Onu tanımak için dinlemek gerekti. Meselâ minberde yahut kürsüde veya herhangi bir yerde... Fakat bütün yerler onunla birlikte onun olur, o söyler, herkes dinlerdi. O ağlar başkaları seyrederdi. Onun ciğeri pişer, halden anlamayanlar 'Bu yanık kokusu nereden geliyor?' derdi." sözleri ile anlatıyor.

Bir nesil o insibağ dolu sohbetlerle can buldu, sel gibi akan gözyaşları Anadolu'yu bir baştan bir başa bahar bahçesine döndürdü.

O sohbetlerle sahabe ruhu yeniden canlandı da yeni dönemin ışık süvarileri kendilerini hicret yollarına vurdu.

Konusu sohbet-i cânân olan her sohbette bir insibağ vardır. Dinleyenler sohbetin tatlı ahengine kendilerini kaptırır ve sohbet sahibinin rengine boyanırlar.

Hele bu sohbeti yapan bir Hak dostu ise onun sözlerinden, gözlerinden, yüz hatlarından öyle bir ruh ve mana akışı hâsıl olur ki onun muhataplarına kazandırdıklarını kitaplardan okuyarak elde etmek mümkün değildir.

Bir Hak erinin huzur-u ilahîde iki büklüm olmasının, kalbinin haşyetle çarpmasının ve yanaklarının gözyaşlarıyla ıslanmasının yaydığı manevî havayı, o mecliste bizzat bulunmadan, o atmosfere girmeden ve onunla diz dize gelmeden teneffüs edebilmek imkânsızdır.

Ne zamandan beri hocamızı hiç görmeden, sohbetinde bulunmadan dünyanın dört bir yanında dur-durak bilmeksizin koşturan alnı akmalı, ayağı sekili kınalı küheylanlar adına hep ızdırap çekiyordum.

Bu yiğitler koşuyordu ama yürekleri yaralı idi. Niceleri onun sohbet halkasında bulunma hazzını hiç tadamadılar, bir kerecik olsun onu göremediler.

Namaza durduğunda huzur-u ilahîde iki büklüm oluşuna, kalbinin haşyetle atışına ve yanaklarının gözyaşlarıyla ıslanışına şahit olamadılar. O nurlu meclisin manevî havasını doğrudan teneffüs edemediler, onunla diz dize gelemediler.

Gerçi Kırık Testi'den yürek yangınlarını serinletmeye çalışıyorlardı ama bu durum ateşten değil de gölgesinden istifadeye benziyordu.

O sohbet ateşinin gölgesi bile yakıcıydı ama ya bir de kızgın çöllerde ya da bozkırların buz kesen rüzgârlarına sağrını sürterek Tanrı Dağlarının eteklerinde koşan kınalı küheylanlar, o Hak dostunun yürek yangınlarını görebilseler, gözyaşı yağmurlarında ıslanabilselerdi koşmaları nasıl olurdu acaba.

İşte elinizdeki kitap o huzurdan esintiler ve görüntüler taşıyor. Bize bir sohbet medeniyetinden sadece sözler değil, hasret kaldığımız kareler de sunuyor.

Söz gücünü sesten değil de nefesten alırsa aydınlık bir ruha bürünerek kelama dönüşür.

Huzurda, kelam dünyasından ve kutsal karelerden kesitler sunuyor bize.

İşte muhterem müellif Ahmet Kurucan Bey'in anlatımıyla o karelerden biri.

Ortam, Hocaefendinin sohbet ortamı. Çetin kış şartlarında bile olsa her daim bir anne kucağı gibi bağrına aldığı her ruha, her gönle bahar meltemleri hissettiren, Hızır çeşmesi misali ağızlara kevser gibi içecekler içiren bir zemindeyiz. Arapça شَرَفُ الْمَكَانِ بِالْمَكِينِ "Mekânın şerefi o mekânı şereflendiren insanın şerefi ile ölçülür." özdeyişinde olduğu gibi şerefini mekîn'inden alan bir salon burası. İki elin parmaklarının sayısını geçmeyecek kadar az bir insan topluluğu. Herkes dikkat kesilmiş Hocaefendi'yi dinliyor. O ise ağlıyor ve muhataplarından birine dönüp ismen hitap ederek: "Biz ne yaptık... Bey! Kitap okumaktan başka ne yaptık? Milletimizin, insanımızın zararına olan ne türlü davranışlarımız oldu?" Zaten ağlamaya teşne hisleri ile söylemeye başladığı bu sözlerin devamını getiremedi ve ağlamaya başladı. İnanıyorum ki 73 yıllık hayatı film şeridi gibi gözünün önünden geçiyordu. Hiçbir aklî ve mantıkî temele dayanmayan, vehimlerin, hayallerin, paranoyaların ve öz güven eksikliğinin yol açtığına inandığı zulümler, baskıları, işkenceleri hatırlamıştı. Sadece şahsına değil, ülkesinin neredeyse hemen her bir ferdine yapılan bu haksız zulümler onu bir kez daha ağlatmaya yetmişti."

Bu kitapta bunun gibi pek çok kutlu karenin aydınlık koridorlarında dolaşacaksınız.

Ahmet Kurucan Bey bir sorumluluk bilinciyle bizim adımıza bu gözlemleri yapmasaydı, bunları bize aktarmasaydı bunun gibi hayati öneme haiz pek çok kare kaybolup gidecek, belki de hiçbirimizin haberi olmayacaktı.

Değerli dostum, gayretli insan Ahmet Kurucan Bey'in çorak gönüllere huzur taşıma gayretinin devamı dileği ile…

Harun TOKAK

ÖNSÖZ

M. Âkif Ersoy merhumun Safahat adlı ölümsüz eserine yazdığı önsözü bilir misiniz? Aynen şöyledir:

"Bana sor sevgili kârî, sana ben söyleyeyim;
Ne hüviyette şu karşında duran eş'ârım.
Bir yığın söz ki, samimiyeti ancak hüneri,
Ne tasannu bilirim, çünkü ne sanatkârım.
Şi'r için gözyaşı derler, onu bilmem, yalnız,
Aczimin giryesidir bence bütün âsârım!
Ağlarım, ağlatamam; hissederim, söyleyemem;
Dili yok kalbimin, ondan ne kadar bîzârım!
Oku, şayet sana bir hisli yürek lazımsa
Oku, zira onu yazdım iki söz yazdımsa."

Ne kadar güzel, ne kadar kısa, ne kadar öz değil mi? Her cümlesinden, her kelimesinden ve her harfinden samimiyet damlayan; "kârî" diye seslendiği okuyucusunu kalbinin derinliklerinden bir ok gibi vuran satırlar hem de.

Ben de böyle yapmak isterdim. Şiire kabiliyetim yok ama nesir diliyle bile olsa, beş-on cümlelik, bir paragrafı aşmayan bir yazı ile kitabın mahiyetini "efrâdını câmi ağyârını mâni" bir şekilde dile getirip, sizi kitapla baş başa bırakmayı ne kadar arzu ederdim?

Veya bu kitabın kaleme alınmasına vesile olan sohbetlerin asıl sahibine atıfla "Ey okuyucu! Elinde tuttuğun kitapta, yıllar önce Fuzulî'nin şu kasidesinde canlandırdığı bir aşk, bir dert, bir ızdırap insanı bulacaksın." desem ve sizleri mezkûr kasideye havale etseydim. Şöyle diyor Fuzulî bahsini ettiğim kasidesinde:

"Yâ Rab belâ-yı aşk ile kıl âşîna beni
Bir dem belâ-yı aşktan kılma cüdâ beni
Az eyleme inayetini ehl-i dertten
Yani ki çoh belâlara kıl müptelâ beni
Gittikçe hüsnün eyle ziyâde nigârımın
Geldikçe derdine beter et müptelâ beni
Öyle zaîf kıl tenimi firkatinde kim
Vaslına mümkün ola yetürmek sabâ beni
Nahvet kılıp nasîb Fuzulî gibi bana
Yâ Rab mukayyed eyleme mutlak bana beni"

Ya da yine Fuzulî'den hareketle "Aşk içre azap olduğu bilirem kim; Her kimse ki âşıktır işi âh u figândır" deyip, size işi-gücü âh u figân olan kutlu âşıkın kırık kalemimle resmetmeye çalıştığım sohbet ortamlarına salsaydım.

Gördüğünüz gibi hissiyatım, realitelerle çatışıyor ve kalemime yön vermekte zorlanıyor şu an. Çünkü bir tarafta izaha çalıştığım hissiyatım, diğer tarafta önsöz geleneği beni zorluyor. Bir de buna Hocaefendi gibi çok yönlü, her bir yönünde engin ihataya sahip, hayata bütüncül bakıp dünü bugünle, bugünü yarınla birlikte mütalaa eden bir zattan söz ettiğimi ilave edecek olursanız, zorluğun boyutlarını anlamak daha kolay olur sanırım.

1977 yılında kader yolumu Hocaefendi'nin durduğu kavşağa düşürdü. Estağfirullah, ne kavşağı nurlulardan nurlu şehraha düşürdü. Beni bu şehrahın içine hiçbir liyakatım olmamasına rağmen meccanen koyan Rabbime hamd u senalar olsun. Minnet O'na, şükran O'na. Buna vesile olanlara gelince; sonsuz teşekkürler, saygılar, hürmetler, dualar.

Bu şehrahta özellikle hoca-talebe münasebeti içinde birlikte bulunuşun hakkını vermek Hakkın da halkın da beklediği bir şey. Soruyorum zaman zaman kendime; bu hakkı verdin mi, veriyor musun, verecek misin, diye. Mazi, hâl ve istikbali merkeze alan üç boyutlu bir soru bu. Mazi için muhasebe ve murakabe, hâl için değerlendirme, istikbal için planlama manası taşıyor benim için bu sorular ve tabii ki cevapları. Ulaştığım sonucu söyleyeyim sizlere; hayır veremedim; verdiğimi zannetmiyorum ve keşke verebilsem.

Fakat böyle demem ne vicdanımı rahat ettiriyor, ne de beklentileri azaltıyor. Onun için sohbet ve yazı vesilesi ile halkın karşısına çıktığım zaman Hocaefendi'nin mesajlarını taşımaya gayret ediyorum. İdrak ufkuma bağlı olarak yorumlar yapıyorum. Ben anlamasam da daha iyi anlayanlar olabilir diye aracılık yapmaya gayret ediyorum. Düzenli mi bu gayretlerim? Not alma adına düzenli ama bunları sizlere taşıma adına düzenli olduğu söylenemez. Hele hele yazı dili ile aktarma adına hiç söylenemez.

Kendime haksızlık etmeyeyim ve tam da burada şu ilaveyi yapayım "Söylenemezdi." Söylenemezdi çünkü 2010 yılında düzensiz haliyle yazdığım iki yazı oldu Zaman gazetesi yorum sayfasında. Yazı başlıkları "İnanmayacaklar" ve "Ahh Müslümanlık ahh!" idi. O zamanlar Amerika'da dinî boyutu ön planda olan toplumsal hadiseleri yine aynı sayfalarda okuyucularla paylaşıyordum. Yukarıda bahsini ettiğim başlıklarda yayınlanan sohbetler birçoğu gibi beni de can evimden vurmuştu. Daracık bir salonda sınırlı sayıdaki insana has kalmamalı dedim bu iki sohbet için ve hemen kaleme sarıldım. Ne gazete yönetimi, ne de sayfa editörü itiraz etti bana. Aksine teşekkürlerini ilettiler; sanki bu yazı modeli daha iyi dediler. Benim yaptığım şey, sadece gördüğüm değil, bunun yanı sıra akledebildiğim ve hissedebildiğim kadarıyla ortam tasvirini yapmak ve fem-i güherden çıkan inci ve zeberced misal sözleri yerli yerine koymaktan ibaretti. Birçok okuyucu tebriki aldım. Hayatımda hiç almadığım kadar hem de.

Sonra eski yazı modelime döndüm; yine dinî boyutu ağırlıklı hadiseleri yorumladım; madem bu kadar ilgi var, ara sıra Hocaefendi sohbetlerini anlatırım dedim. Ta ki takdim yazısını okuduğunuz Harun Tokak Hocamla bir münasebetle İstanbul'da karşılaşıncaya kadar. Hâl hatır sormanın ardından"İnanmayacaklar" ve "Ahh Müslümanlık Ahh!" yazılarına atıfta bulundu; mevcut modeli terk edip her yazımı bu eksende yazmam gerektiğini söyledi; birçok argümanla da destekledi tavsiyesini. Bu tavsiyenin peşi sıra dönemin yorum sayfa editörü Levent Kenez'den, genel yayın yönetmeni Ekrem Dumanlı Bey'e kadar birçok insanla istişarede bulundum; hepsi de sanki sözleşmiş gibi aynı çizgide birleştiler ve ben Zaman gazetesinde bana ayrılan sütunlarda o gün bugün sohbet ortamlarını paylaşıyorum.

Bu arada kadim dostum Reşit Haylamaz ile talebelik yıllarından beri tanıdığım Ömer Çetinkaya Bey'den "Bu yazıları kitaplaştıralım." teklifini aldım. Gazetede yayınlanmamış yazılar da olmalı bu kitapta diyerek ayrı bir istekleri de oldu bu teklifin yanında. İşte elinizde tuttuğunuz Huzurdan Esintiler adlı kitabın ortaya çıkış hikâyesi kısaca bu. Kitaptaki makalelerin yaklaşık dörtte üçü daha önce yayınlanmış; kalan dörtte birlik kısmı ise bu eser için kaleme alınmıştır ve ilk defa matbaa mürekkebi ile buluşuyor.

Daha fazla uzatmadan şöyle bitireyim önsözü; tasvirini yaptığım sohbet ortamına girdiğim zannında değilim. Koridorlarında dolaşıyorum diyebilirim. Koridorda dolaşırken sohbeti, sohbeti oluşturan cümleleri, kelimeleri tam manasıyla ne duyduğum ne de anladığım kanaatindeyim. Bununla beraber مَا لَا يُدْرَكُ كُلُّهُ لَا يُتْرَكُ كُلُّهُ

"Kâmilen idrak edilemeyen bir şey, bütün bütün terk edilemez." ya da hadis diye rivayet edilen رُبَّ مُبَلَّغٍ أَوْعَى مِنْ سَامِعٍ "Nice kendilerine intikal ettirilenler vardır ki intikal ettirenlerden daha iyi anlarlar." ölçülerini kendime rehber ediniyor ve bunları intikalle beklentileri karşılamak adına bir görev ifa ettiğimi düşünüyorum.

Bu arada zaman zaman şu soruyu da soruyorum kendime; neden ben? Bazen Alvar imamının ağzıyla soruyorum aynı soruyu: "Değildir bu bana layık bu bende; Bu lütuf ile ihsan nedendir?" Ne kadar düşünsem de cevabını bulamıyorum ve "Vardır Allah'ın bir bildiği; abes fiil işlemez Allah" diyor ve geçiyorum.

Anlaşılmayı bekleyen bir insan var karşımızda. Keşfedilmeyi bekleyen desek belki daha doğru olur. "Anlaşılmayı Beklemek" başlıklı yazıda dediğim gibi Cemil Meriç'ten mülhem "bir çağın vicdanı olan" insan bu insan. İnsanımızın iradesine vurulan kemendi kırmak, ellerine vurulan zincirleri, ayaklarına konulan prangaları parçalamak isteyen bir insan. Zamanı mazi, hal, istikbal bütünlüğü içinde ele alan, nesiller, ırklar, medeniyetler, dinler, cinsler, meslekler, ideolojiler, doktrinler en genel manada insanlar arası köprüler kurmak isteyen ve etrafındaki bir avuç insanla bu köprüleri kuran bir insan. Yaptıkları yapacaklarının delili olan bir insan. Hayallerimizin hayaline yetişemeyeceği, ufkumuzun ufku ile yarışamayacağı bir insan. Düşüncesi mukaddesin emrinde olan bir insan. Bu ateşin insanı keşke anlayabilsek!

Elinizdeki kitabın bu çerçevede yazılan eserler yanında deryadan bir damla olması dileğiyle…

Ahmet Kurucan

9 Eylül 2011

Clifton/New Jersey

FETHULLAH GÜLEN'E YAKINLIĞI İLE BİLİNEN!

Başta Türkiye olmak üzere şu veya bu vesile ile dünyanın dört bir yanına yayılmış insanımız vatan, millet ve insanlık adına faydalı faaliyetlere imzalarını atıyorlar. Haliyle Türk medyası sözü edilen bu faaliyetlere ilgi duyuyor, sayfaları, ekranları arasında bunlara yer veriyor. Yer vermelerinin nedeni işin tabiatından kaynaklanıyor. Türkiye'yi, Anadolu insanını ve onun başarısını konu edinen bir habere yabancı basın ilgi duyarken, manşetlerine taşırken, uzman görüşleri ile desteklenmiş dosya çalışmaları yaparken, Türk basınının bunları es geçmesi, görmezden gelmesi tabii ki düşünülemez. Çünkü bu meslekî dilde haberin atlanmasıdır ve tek kelime ile başarısızlıktır.

Fakat burada dikkati çeken temel husus, ideolojik yaklaşımların, soğuk savaş döneminden kalan zihnî ayrılık ve kutuplaşmaların, bugünkü dünya gerçeklerinden uzak bakış açılarının habere, haberin sunumuna ve muhtevasına yön vermesidir. Bu yaklaşım keyfiyeti yukarıda ifade ettiğimiz vatan, millet ve insanlık adına faydalı olan faaliyetlerin çok farklı bir biçimde kamuoyuna yansımasına sebebiyet vermektedir. Şu ana kadar olan müşahedelerimiz, bu yaklaşımın taban nezdinde prim yapmadığı, kabul görmediği istikametinde. Buna rağmen sözünü ettiğimiz medya kuruluşlarının yayın çizgisini değiştirip-değiştirmeyeceği kendilerinin bileceği iştir. Göz göre göre bindiği dalı kesen âkilân gürûhuna ne diyebiliriz ki? Meşhur kaidedir: "Zarara kendi rızası ile girene merhamet edilmez!"

Önemli olduğunu düşündüğüm bu konuyu sadece bir cümleyi iktibasla örneklendirmek istiyorum. "Fethullah Gülen'e yakınlığı ile bilinen kurum.." Niye böyle deniliyor? İhtimal, sayfalara taşınan ve habere konu olan aktiviteye şeytanın dahi itiraz etmesi mümkün değil; hadisenin teorik ve pratik açısından tenkide medar olacak bir yanı yok; o zaman "Fethullah Gülen" ismi, "cemaat" kavramı imdada çağrılıyor. Güya bununla üstü kapalı biçimde okuyucuya adres gösteriliyor, "Zâhirî yönü itibariyle tenkide medar bir şey yok ama âidiyete dikkat edin!" mesajları sunuluyor.

Bence iki ayrı açıdan yanlış yapılıyor. Bir; gazetecilik bir meslektir. Amacı toplumu doğru bilgilendirmektir. Bu da haber değeri taşıyan aktiviteleri tarafsız bir gözle ele almayı gerektirir. Kaldı ki bu aynı zamanda insanî bir vecibedir. Vicdanı sönmemiş, kalbi ölmemiş, insaf ve iz'an sahibi bir gazetecinin gerçekleri göz göre göre çarpıtması mümkün değildir. Bu sözlerimle "Aksi bir tutum sergileyenlerin insaf ve iz'anı, meslekî ahlâkı yoktur." mu demek istiyorum? Hayır, kimseye böyle bir ithamda bulunmak istemem. Kamu vicdanının bu konuda en büyük hakem olduğuna inanıyorum. Nihaî kararı er veya geç onlar verecek. Ama şunu unutmayalım; yanlış (hâşâ!) melek de yapsa yanlış; doğru şeytan da yapsa doğrudur.

İki; "Fethullah Gülen'e yakınlığı ile bilinen kurum" cümlesi, yakınlığına işaret edilen kurumlar açısından yanlıştır. Neden? Çünkü söz konusu hangi kurumsa, o kurumun Hocaefendi ile hukuki açıdan resmî bir ilişkisi yoktur. Dolayısıyla burada olduğu varsayılan "yakınlık", ispatlanamayan bir olgu olarak karşımızda durmaktadır. Bu ise hukukun ilgi alanı içine girer.

Hayır, kasdedilen gönül ilişkisi, hissî yakınlık, fikir beraberliği ise veya buna "proje benzerliklerinden hareketle gördüğümüz fiilî durum" diye açıklama getiriliyorsa ya da "Kurum yetkililerinin açık beyanları ile ispat ederiz." türünden şeyler söyleniyorsa, o zaman "Fethullah Gülen'e yakınlığı ile bilinen kurum" yerine şöyle denilmelidir: "Fethullah Gülen'e yakınlığı ile şeref duyan, iftihar eden, gururlanan, övünen kurum."

Niçin? Hocaefendi açısından; çünkü Hocaefendi hayatı boyunca fikrî anlamda kendisini yol gösterici olarak kabullenen insanların yüzünü yere baktıracak hiçbir şey yapmamıştır. 70 yıllık hayatının neredeyse her bir karesi resmî veya gayri resmi kayıt altına alınmış bir insandan bahsediyoruz. Sürekli takip altında olan bu insanın vatan, millet, din ve insanlık adına bir hatası olsaydı şu ana kadar milyonlarca defa serişte edilirdi. Serişte bir kenara eğriyi-doğrudan en iyi bir şekilde ayıran vicdan aynasına bu yanlışlıklar bir şekilde yansır ve etrafında bir tek insan bile bulunmazdı.

Kurumlar açısından; zira böylesi bir birliktelik sözü geçen kurumların yolda buldukları dünyevî ve uhrevî bir şahadet incisidir.

Bu yaklaşım Hocaefendi'yi kutsamak olarak algılanamaz mı? Böyle algılayanlar varsa kutsamanın ne olduğunu bilmiyor demektir. Bence bunlar, mevcudun, hem de kâmet-i kıymetine uygun olmayan, kırık-dökük cümlelerle yansıtılmasından ibarettir.

Artık şu gerçekleri kabullenelim; adına dünya denilen küçük bir köyde yaşıyoruz. Bu köyün insanlık tarihi boyunca hiç ama hiç değişmeyen bazı gerçekleri var. Bunların başında din gelir. Din, sosyal bir gerçeklik olarak hem insanın hem de toplumun hayatında her zaman vardı, vardır ve var olmaya da devam edecektir.

İkincisi içinde yaşadığımız modern zamanlarla alâkalıdır: Cemaat gerçeği. Dinî, siyasî, kültürel, meslekî vb. onlarca farklı alanda ve dünyanın hemen her yerinde yaşayan bir gerçektir bu. Cemaatler fonksiyonları itibariyle baskın ideolojilerin tek tipleştirmeye, gücü merkeze alan totaliter rejimlere, "check and balance" yani kuvvetler ayrılığında denetim ve dengeyi sağlayamayan demokratik sistemlere karşı koruyucu bir kalkandır. Devlet ve toplum arasındaki muhtemel veya vaki kutuplaşmalarda uzlaşmayı sağlayacak olan unsurlardır. Nitekim dernek, vakıf, parti, kulüp, sendika vb. oluşumların pratik hayat içinde kendilerine bu kadar geniş alan bulmaları ve hayat sahnesine çıkmaları, söz konusu cemaatleşmenin zaruret ölçüsünde ihtiyaç olduğunu göstermektedir.

Halkımız arasında çok sık kullanılan bir sözle yazıyı özetleyelim isterseniz: "Çiğ yemedik ki karnımız ağrısın!" O hâlde tekrar edelim; Fethullah Gülen'e yakınlığı ile bilinen değil, yakınlığı kendine dünya-ukba şeref bilen… Çekinmenize gerek yok!

AKLIN HİKMET-İ VÜCÛDU, TAKDİR-İ İLÂHÎ VE DİYALOG

Bir akşam yemeği etrafında konuşulan birbirinden bağımsız mevzular etrafında bir yolculuk yaptırmak istiyorum bu yazımda sizlere.

Önce ilk konunun daha iyi anlaşılmasına yardımcı olacak ön bilgi mahiyetinde bazı rakamlar sunacağım. Bu rakamları sunuş gayem ne ecdadı sorgulamak, ne hafife almak, ne de zihinlerde başka menfî imajlar uyaracak türden düşüncelere geçit vermek; aksine kurumlar tarihçileri tarafından tespiti yapılmış bir vakıanın raporunu sizlerle paylaşmaktan ibaret.

"Osmanlı topraklarındaki medreselerin birçoğu ortaokul ve lise seviyesindeki medreselerdi. Sadece İstanbul'da Fatih, Beyazıd ve Süleymaniye medreseleri sahn-ı seman yani üniversite seviyesindedir. Sahn-ı seman medreselerinde 8 medrese iç içedir. Her medresede 19 oda vardır. Bir oda müderrisin, iki oda muidin (asistan), bir oda müstahdemin, geriye kalan 15 oda ise birer talebenindir. Yani bir medresede toplam 15 öğrenci vardır. Sekiz medresede 120 talebe eder. Fatih, Süleymaniye ve Beyazıd üçünü birden mütalaa ettiğimizde karşımıza çıkan talebe adedi azami

500 kişidir. Bir başka tabirle bu rakam koca devlet coğrafyasındaki üniversite talebe sayısını ifade etmektedir. Kaldı ki medreselerin eğitim ve öğretim durumu, ilmî ve fikrî gelişmenin önünü açacak, içe kapanma ve donuklaşmaya son verecek, muhalif düşüncelere temsil hakkı tanıyacak ilmî ve idarî yapılanmanın olup olmadığı ayrıca ele alınması gerekli olan konulardır."

Bu bilgilerin konumuzla alâkasına gelince; "*Eğitim insanın içindeki cevheri dışa çıkartacak*" tespiti üzerine başlayan sohbetin bir yerinde söylenen şu cümleler, aslında alâkayı çok net ortaya koyuyor: "*Bizde ilmî düşünce çok erken dönemlerde başlamış ama Fatih hatta Kanuni'den sonra daralma yaşanmıştır. Batı bahsi geçen bu ilmî telakki, ilmî düşünce ile Rönesans'a yürürken bizde fünûn-u müspete kapı dışarı edilmiştir. Medrese-mektep ayrılığı olmuş, akıl-kalb izdivacı sona erme yoluna girmiştir. Evet; askerî alanda çok büyük başarılar, zaferler elde etmişizdir ama aynı başarıyı ilmî alanda gerçekleştirdiğimiz söylenemez. 21. asırda olmamıza rağmen ilmî telakkilerimiz, ilmî seviyemiz ortada. Şahsî kanaatime göre şimdilerde asıl inkılâp bu alanda yapılmalıdır.*"

Mazi, sahabe, Osmanlı, ecdad vb. değerler etrafındaki genel tavrı ve genel düşüncesini bilenler için –bir, iki cümle ile dahi olsa ifade edilen- bu tespitler bazılarına acaba, dedirtecek cinsten. Zihinlerinde bu türlü bir soru oluşanlara cevap sadedinde ilave edilen cümleler ise şunlar: "*Maziye ait bu türlü şeyleri deşme, sorgulama benim haddim değil ama bazı şeyler de sorgulanmazsa doğru bulunamaz. Allah bize akıl vermiş, eğer o aklı, veriliş istikameti içinde kullanmaz ve hakkını vermezsek sorarlar bize ahirette bunun hesabını.*"

Sohbetin akışı içinde konuşulan bir başka mevzu, takdir-i İlâhî eksenli yanlış anlama ve algılamalara aitti. Sebepler planında yapılması gerekli olan şeyleri yapmayıp, elde edilen kötü neticeleri

Allah'a, Allah'ın takdirine ve en geniş anlamda kadere havale etme kolaycılığı etrafında konuşuldu. Muhatabın 1999 Gölcük depreminde Yalova, Adapazarı vb. yerlerde zemin etüdü yapılmadan, gevşek zemin veya fay hattı üzerine kurulan çok katlı apartmanların yıkılmasının takdir-i İlâhî denilerek sorumluluğu Allah'a havale edilmesini anlamadığını belirtmesi üzerinde yapıla gelen tespit, aslında kader inancının özünü sergiliyor. Malum, kader Kur'ân ve sünnetle bütünleşmiş bir İslâmî aklın ancak anlayıp/anlatabileceği bir hakikat. Bu açıdan bir cümle içinde yapılan aşağıdaki tespitin çok önemli olduğunu düşünüyorum. Paylaşmak isterim sizlerle: "*Takdir-i İlâhî insan iradesinden ayrı bir şey değil ki? Eğer Allah, takdirini insanların iradelerine bağlamış ve insanlar da sebepler planında yapmaları gerekenleri yapmayıp, karşılaştıkları menfî neticelere "takdir' diyorsa, bu hem takdire hem de takdirin arkasındaki güce saygısızlıktır.*"

Muhatap, soğuk savaş döneminin ya da 12 Eylül öncesi ideolojik kamplaşma devirlerinin dilini ödünç alıp kullanarak ifade edecek olursak "karşıt cephe" içinde yetişmiş birisi olunca, diyalogdan söz açılmaması zaten düşünülemezdi. Nitekim sohbet esnasında söylenen şu cümle, konuşulanların özeti mahiyetinde; "Eğer sizin hoşgörü eksenli tavsiyeleriniz, çıkışlarınız, yönlendirmeleriniz olmasaydı, biz bugün, bu masa etrafında bulaşamazdık." 90'lı yılların ilk yarısından beri, farklı ağızlar, farklı kalemler tarafından defalarca yapılan itirafın bir başka halkası olarak değerlendiriyorum ben bunu.

Rehbersizliğin öneminden bahsedildi önce. Ardından halkın vicdanında bulunan cevherden söz edildi ve eğer bütün genişliği ile bu vicdana sahip halk doğru rehberlerin elinde zamanında eğitilebilseydi bugünlere gelinmeyeceği, bugün hatırlanmak dahi istenmeyen birçok olumsuzlukların yaşanmayabileceği vurgusu yapıldı.

Ve bana göre geceye damgası vuran şu tespit oldu; muhatap bazı çevrelerin diyalog çalışmalarından ne elde edileceği konusunda şüpheleri ya da soruları olanlardan dem vurunca, verilen cevap, eskilerin ifadesiyle hem bir cevab-ı hakîm, hem de bir cevab-ı müskitti: "*İnsanların birbirlerini kazanmalarından, aralarında sevgiyi hâkim kılmalarından daha büyük bir kazanç olur mu?*"

İnsanları renk, dil, din, ırk, kültür farklılıklarını bir kenara bırakarak insan olma ortak paydasında bir araya getirme" diye tarifi yapılan diyaloğun, başlangıçta bundan daha büyük kazancı olur mu gerçekten?

ÖNCE İNSAN, SONRA MÜSLÜMANIZ!

Farklı iki dine, kültüre, etnik kökene mensup üst düzey iki temsilcinin benim de şahidi olduğum kısa süreli beraberliğinden söz edeceğim bu yazımda. Biliyorum bu giriş cümlesini okuyanlardan bazıları; "Yine mi diyalog?" diyecek ve dudak bükecek. Ama bazılarının da "Acaba yine ne türlü bir mesafe alındı?" diyerek merak ettiklerine eminim.

Önce giriş sadedinde bir-iki hususa temas etmek gerektiğine inanıyorum. Dünyamız 70'li yıllardan beri modernizm, postmodernizm ve küreselleşme devirlerini yaşıyor. Bu devirlerin birbirinin ardı sıra ya da iç içe yaşanması toplumlara göre değişiyor. Bu değişkenlikte ekonomik kalkınmışlıktan, kültürel kabullere, dinin toplum içindeki yerinden, coğrafî özelliklere kadar birçok unsurun rol oynadığı herkesin malumu.

Söz konusu süreçlerin en önemli neticelerinden biri, hiç şüphesiz dünkü düşmanların bugün iç içe yaşamalarıdır. Şöyle düşünelim; Müslüman-Hıristiyan dünyasının tarih boyunca yaptığı savaşlar nerede, 25 milyon nüfusu ile Avrupa'da, 9 milyon nüfusu ile ABD'de süregelen Müslüman-Hıristiyan işbirliği, mesai arkadaşlığı, komşuluğu, vatandaşlığı, seçme-seçilme hakkı kısaca birlikte yaşama nerede! Mecburiyetin inkâr edilemez, önünde durulamaz, engellenemez gücü diyebilirsiniz siz bu beraberliğe. Bir vakıa ve fiilî durum olarak kabul ettiğimiz, etmek zorunda kaldığımız, işte bu beraberliğin farkında olmak, bugün ve yarınlarımız adına çok önemlidir.

Kendi iradelerimizle ötekileştirdiğimiz insanlar, toplumlar, kültürler, dinler var bugün yeryüzünde. Asırlık önyargıların tesiri ile yapıyoruz biz bu işlemi insanoğlu olarak. Bu önyargıların belki de bir nesil sürecek bir çaba ve gayretle kırılması, marjinal gruplar kabul etmese de bugün dünya coğrafyasında hayatını sürdüren hemen her insanın, insanlık vazifesi ve vecibesidir. Ötekileştirdiğimiz insanları, kendilerinden dinlemek, onları empati yaparak anlamaya çalışmak, anahtar rol oynayan uygulamalardır bu süreçte. Resmiyetin soğuk duvarları, protokolün aşılmaz kaideleri, toplantılar, yazılı metinden yapılan konuşmalar, heyetler hâlinde tribünlere gönderilen zoraki gülüşmeler eşliğindeki görüşmeler, imza törenleri ile bunun hayata geçirilmesi alabildiğine zor. Bu ancak din, dil ırk, cins her türlü ayırıcı özelliğin perde arkasına itilip, insanî özelliklerin ön plana çıkartılması ile olacak bir şeydir. Diyalog kavramından anlaşılması gerekli olan mana da zaten budur.

Diyalog sürecinin kazananı-kaybedeni yok; herkes kazanıyor. Galibi- mağlubu yok; herkes galip. Çünkü ötekileşmiş/ötekileştirilmiş ötekini, bizzat kendisinden dinlemek ve tanımak imkânına kavuşuyorsunuz. Böylece muhatabınız "bilinmeyen öteki" olmaktan "bilinen öteki" olma makamına çıkıyor.

Ayrıca, David Bohm'un "On Dialogue" kitabında dediği gibi, bu süreçte tarafların kendi değerlerinin doğruluğundan emin olduktan sonra karşısındakini ikna için çaba sarf etmesine de gerek yok. Çünkü o doğru er veya geç kendi üstünlüğünü gösterecek ve insanlar onun etrafında toplanacaktır. Aksi hâlde yani başkasını ikna için çaba gösterilen değerlerde şüphe vardır ki böyle ekstra bir gayrete ihtiyaç duyulmaktadır. Kaldı ki başkaları tarafından ikna edileceğim korkusu yaşayanlar, kendi değerlerinden şüphe edenlerdir. Tabii bu düşünce onu başkaları ile birliktelikten alıkoyar. Bana göre her çeşidi ile diyaloğa taraftar olmayanların meseleye bir de bu gözden bakması gerekmektedir.

Müslümanlığın Müslümanca yaşanması, onun hâl diliyle temsil edilmesi bu vetirede ayrı bir önem kazanıyor. İnandığınız, ferdî, ailevî ve belki de içtimaî hayatınıza tatbik ettiğiniz değerler, teorik anlamda ne kadar üstün, ne kadar evrensel olursa olsun, eğer bunu başkaları görmüyor, siz onlara yakın durarak o değerleri yaşayışınızla göstermiyorsanız, "bilinen öteki" olma adına mesafe kaydetmeniz mümkün olmaz. Ayrıca bu durumda pratiğin insanı can evinden vuran güzelliğinden de başkalarını mahrum bırakmış olursunuz. Efendimiz (sallallahu aleyhi ve sellem) ve ashabının gerek Mekke gerekse Medine'de yaptığı şey, teoriğin pratiğe yansıması değil midir? Tabii haliyle hayata akseden o değerler, nice taş kalblileri eritmiş, nice bağnazların teslimine vesile olmamış mıdır?

Bu çerçevede size başta bahsini ettiğim üst düzey görüşmede cereyan eden iki anekdotu paylaşmak istiyorum ama yorumsuz olarak. Malum anekdot, büyük bir hadisenin başlı başına bütünlük gösteren parçası demektir. Yorumunu herkesin kendi ilmî ve vicdani derinliği içinde kendisinin yapmasının daha sağlıklı olacağını düşünüyorum.

Önce aşağıdaki diyalog –isterseniz muhavere diyelim– başka bir dine ve kültüre mensup üst düzey bir yetkili ile dünya çapında eğitim-öğretim, diyalog ve ticarî faaliyetlere öncülük yapan ve bunlarla tüm insanlığa hizmet sunan gönüllüler hareketinin bir ferdi arasında geçiyor.

İlk anekdot; söz karşı tarafta:

– İncil'de Hz. İbrahim'in misyonu şöyle anlatılır; "İnsanlığa rahmet ol!". Ben dünya üzerinde bazı yerlerde sizlerin hayata geçirdiğiniz eğitim ve diyalog kurumlarını gördüm. Çalışmalarınıza şahit oldum. Anladım ki bugün sizler, ortak atamız olan Hz. İbrahim'in bu misyonunu temsil ediyorsunuz. İnsanlığa rahmet misyonunun temsilcileri, sizlersiniz.

– Estağfirullah! Öyle bir şey yok. Biz yapabiliyorsak, sadece vazifemizi yapıyoruz.

– Bu kadar mütevazı olmak zorunda değilsiniz ve olmamalısınız. Çünkü bu işlerin yerine getirilebilmesi için bu kadar insanı etrafına toplayacak bir mıknatısa ihtiyaç var. Mıknatıs kendini inkâr etmemeli, yoksa parçalar dağılır.

– Mıknatıs şahıs veya şahıslar değil, bizim etrafında toplandığımız hakikatin ta kendisidir.

İkincisi, en az bu anekdot kadar, belki de daha fazla etki ve iz bırakacak çarpıcılıkta;

– Türk insanı olarak sizler, tarih boyunca hep mazlum ve mağdura sahip çıktınız. Soykırıma uğrayan, zulme maruz kalan, tabii afetlerden zarar gören herkese ve her kesime, Müslüman olup-olmadığına bakmadan yardım elinizi uzattınız. Size teşekkür etmek istiyorum.

– Biz önce insan, sonra Müslümanız. Bahsi geçen o yardımlar bizim tabiatımızın bir parçası, insanlığımızın gereği. Bunda en büyük rol de emir ve yasakları ile bizi yönlendiren dinimiz İslâm. Fakat biz bunların reklamını yapmıyoruz ve yapmayız. Ama siz medyûniyet hissiyle bunları anlatacakmışsınız, sizin bileceğiniz iş.

Ve muhatap ihtimal kendisini şoke eden bu sözler ve tavırlar karşısında şöyle bitiriyor konuşmayı; "İncil'de insan sadece ekmekle yaşayamaz." der. Çünkü insan maddeden müteşekkil değildir. Onun bir de ruhu var ve ruhunun da gıdaya ihtiyacı var. Siz, sözlerinizle ruhları besliyorsunuz. Allah size hikmet vermiş, sağlık da versin diye ben dua ediyorum."

Başta söyledim, yorum sizlere ait.

İNSANLA BAŞLAYAN PROBLEM İNSANLA ÇÖZÜLÜR

İnsanlığın tarihine şiddet perspektifinden baktığımızda karşımıza çıkan manzara acı ama şudur; kan seylâplar hâlinde sürekli akmış ve akıtılmıştır. Akan insan kanıdır, akıtan da insandır.

İnsanoğlu kâinata bir mehd-i uhuvvet (kardeşlik beşiği) nazarıyla bakıp, en azından "insan olma" ortak paydasında birleştiği hemcinsleriyle, her türlü farklılıkları, tartışmaya, anlaşmazlığa, kavgaya, savaşa vesile olan bütün sebepleri bir kenara itip, dünyada cennetnümûn bir hayat içinde yaşayamaz mıydı? Bu sorunun iki tane cevabı var; ideal olarak evet, realite olarak hayır.

Evet, çünkü hayale sınır yok. Hayal âlemi içine dalıp, soruda zikredilenden çok daha öte bir hayat tasavvur edebilirsiniz. Hayır; çünkü böylesi bir hayat tasavvur edilmiş bile olsa hiçbir zaman gerçekleşmemiş. Hatta insanlığa bu hedefi talim etmek için gelmiş peygamberler döneminde dahi gerçekleşmemiş. Peygamberler vazifelerini yapmamışlar mı? Başarılı olmamışlar mı? Hâşâ ve kellâ! Onlar Kur'ân'ın ifadesiyle üzerlerine düşen tebliğ vazifesini yapmışlar ama vahye, peygamber öğretisine muhatap olanlar fıtratını aşamamış. Böylece dün, bugün yaşadığımız ve büyük ihtimal yarın da yaşayacağımız manzaranın hem sebebi hem de sonucu olmuşlar. Hiç kimse burada durup Allah'ın rahmet ve merhametini ithama kalkmasın. Çünkü "Allah insanlara zulmetmez, fakat insanlar (yapıp-ettikleri ile) kendi nefislerine zulmederler." Onun için dedik, insanoğlu mevcut tablonun hem sebebi hem de sonucudur diye.

Pekâlâ, belli başlı sebepleri nedir bunların? Niye insanoğlu böyle bir sürecin içine giriyor? Çok şeyler söylenebilir. Her şeyden önce, ontolojik manada kendi üstünlüğüne inanan ve ötekini insan dahi kabul etmeyen dinî inancın özellikle bugün dünyada yaşanan ciğersûz hadiselerde birinci dereceden rol oynadığı muhakkaktır. Kendi kimlik tanımını düşmanlık konsepti üzerine kuran, yani dinî inançları ön plana çıkartıp aynı değerleri yaratılıştan paylaşmayana düşman nazarıyla bakan, ötekileri kendilerine hizmet için yaratılmış varlık olarak kabullenen zihniyetten bahsediyoruz. Elbette böyle bir zihniyetin ötekileştirdiği insanlarla uzlaşı içinde yaşaması düşünülemez. Kendi menfaatlerinin haleldar olduğu her yerde, düşmanını öldürmek bu zihniyete göre tabii bir haktır. Daha öte, yerine getirilmediğinde "Neden?" diye sorgulanacakları bir vazifedir, vecibedir.

Nitekim bugün Filistin'de cereyan eden ve insanlığın vicdanını kanatan vahşet manzaralarının tahakkuku, bahsini ettiğimiz türden bir dinî inançla ancak açıklanabilir. Uluslarası hukukî ve siyasî anlaşmalar bir kenara, kullandıkları orantısız güçle, savunmasız çoluk-çocuk, kadın-erkek sivil halk üzerine yağdırdığı ölüm bombaları ile evrensel insanî değerleri de alt-üst edenler ihtimal ki böylesi bir inançla motive oluyor ve yine böylesi bir inançla vicdanlarını tatmin ediyorlardır. Tabii burada vicdanları varsa itirazı yöneltilebilir!

Hâlbuki dinî değerlerini orijiniyle muhafaza etmeyip, kendi dünyevi menfaatleri istikametinde yorumlayarak başkalaştıranlar, başkalaşmaya mahkûmdur. Mutlak anlamda dinin varoluş felsefesine aykırı, İlâhî irade tarafından gönderiliş gayesine muhalif yorumlar ve tutumlar, son tahlilde sözü edilen dinin de o dinin mensuplarının da aleyhinedir. Gücün ve kuvvetin sarhoşu, menfaat ve çıkarın meftunu, yarını ve yarınlarını düşünemeyecek derecede yaşadığı günün aşığı olanlar, aslında kendi elleriyle kendi sonlarını hazırlamaktadır. Dünyevî akıbetleri için de böyledir, uhrevî halleri için de böyledir.

Bir diğer sebep; böyle düşünmediği, inanmadığı, kabullenmediği hâlde politik ve ekonomik çıkarları vesilesiyle bu zihniyete kol kanat geren güçlü şahıs, kurum ve devletlerin varlığıdır. Sükûtları onay olarak algılanır bunların. Böyle bir destekçiye/destekçilere sahip olanlar, sırtlarını onlara dayar ve hâl böyle devam ettiği müddetçe zulümlerine zulüm katarak kendi bildikleri yolda ilerlerler.

Pekâlâ, sonuç ne olacak? Zalim zulmüyle, mazlum âhıyla mı yaşayacak? Vahşet manzaraları karşısında vicdanları tir-tir titreyen insanlar, hiç mi bir şey yapmayacak bu kötü gidişatı durdurmak için. Elbette hayır. Yapacak ve yapmaları gerek. Her şeyden önce ilk yapılacak şey hiç şüphesiz diplomatik münasebetlerle akan kanın hemen, mümkün değilse en kısa sürede akmasını durdurmak olacak. Devlet adamlarına bu konuda düşen görev izahtan vareste. Başarılı olunduğu takdirde kısa vadede ve kısa vadeli bir çözüm bu.

Ama asıl önemli olan uzun vadeli ve kalıcı çözümler üretebilmek. Burada sözü Hocaefendi'ye verelim isterseniz. Diyor ki Hocaefendi: "*Dünya problemi insanoğlu ile tanıdı; öyleyse problem insanoğlu ile çözülür. Evet; insanla başlayan problem insanla çözülür. İnsanda başlayan problem insanda çözülür.*" Bunun manası açık, bugün siyasî, ekonomik, ahlâkî, kültürel, dinî hangi sahada olursa olsun çözüm bekleyen her türlü problemin tek bir çözüm kaynağı vardır; insan. İnsanda bir zihniyet değişim ve dönüşümü yapmadıktan sonra, onu insaniyet mertebesine ulaştırıp vicdanına, kalbine, ruhuna hitap etmedikten sonra sistem adına yapılacak her türlü atılım, siyasî ve askerî alanda yapılacak her türlü anlaşma bir gün kenara atılmaya mahkûmdur.

Belki uzun zaman alacak; belki nesilleri yiyip yutacak bu yol. Fakat unutulmamalı, kalıcı, istikbal vaat edici tek çözüm yolu bu; sureta insan olarak yaratılmış varlığı, siretâ insan yapmak, insanlık seviyesine çıkartmak. Aksi hâlde insanoğlu daha nice kan seylâplarının sebebi, sonucu ve şahidi olmaya mahkûmdur.

MURAD OLMAYI İSTİYOR MUYUZ?

Hocaefendi'nin www.herkul org isimli web sitesinde yayınlanacağını düşündüğüm bir sohbeti oldu geçtiğimiz günlerde. Soru, Kur'ân ayı olarak bilinen Ramazan'ın Kur'ân'ı okuma, anlama, mana ve muhtevasında derinleşme adına nasıl değerlendirilmesi gerektiği istikametindeydi. Aslında ne yapılması kararı verilmiş, sadece nasıl yapılması gerektiği soruluyordu. Hocaefendi çok enfes tahlillerde bulundu o sohbetinde. "*Benim ömrüm vefa etmez. Size ve gelecek nesillere evvel-âhir vasiyetim olsun.*" tembihiyle görev verdi. Niçin ömrü yetmez? Çünkü Kur'ân'ın okunması ve anlaşılması ile alâkalı yaptığı teklifin hayata geçirilmesi için kendi ifadeleriyle "*Zihniyetin değişmesi gerekir; zihniyet ise kelle kesilerek değiştirilmez; toplumun geneline mal olmuş böyle bir zihniyetin değişmesi nesiller alır.*" Bu teklifin ne olduğunu merak ediyorsanız ilgili sohbeti dinlemeniz gerekecek.

Ben bu sohbetten hareketle başka bir hususa temas edeceğim. Hocaefendi sohbet esnasında dedi ki: "*Bizim murâd olmamız, Murâd-ı İlâhîye saygıdan geçer.*" Kur'ân'ın sanki bize, sanki bana iniyormuş gibi manasının anlaşılması gerektiğini anlattığı bir yerde söyledi bu cümleyi Hocaefendi. Malum, "murâd" tasavvufta kullanılan bir tabir. Kaba bir tarifle kulun Hakkı değil, Hakk'ın kulu irade etmesi anlamına geliyor. Tabii bu seviyeye ulaşabilmek için önce iradî olarak mürîd olma idealini benimsemek gerek. İradî dedik; çünkü irade olmadan ve iradenin hakkını vermeden bir yere varmak mümkün değil kul için. Zaten irade, mürîd ve murâd aynı kökten geliyor.

Ne güzel anlatır Hocaefendi irade, mürîd ve murâd arasındaki münasebeti. Ve ne güzel dile getirir mürîdin ne zaman, murâd olacağını. İsterseniz onun satırlarından takip edelim:

"Mürîd, irâdesini mutlak irâdeyle irtibatlandırıp murâd ufkuna ulaşacağı ve bedenden rûha, cisimden kalbe, düşünceden vicdana yükseleceği âna kadar, kat'iyen "fark"tan kurtulamaz... Kurtulamaz da, irâdeyi ayrı, irâde edeni ayrı ve murâdı da hep ayrı görür. Evet, hak yolcusu, yolun başlangıcında mürîd, nihâyetinde murâd... kulluğu tabiatına mâl etme gayreti içinde mürîd, Hak'la münasebetlerin, fıtratın ayrılmaz bir yanı hâline geldiği noktada murâd... sevilip-arzu edilme yollarını araştırma faslında mürîd, her şeyde O'ndan bir kısım izler görüp sevgi ve mârifet arası gelip-gittiği ve bu geliş-gidişiyle zevk-i rûhânî kaneviçesini ördüğü zaman da murâddır."

Pekâlâ, murâd olmak isteyenler ne yapacak? Hocaefendi "Saygı gösterecekler." diyor. Âmennâ ama murâdı, murâdın ne olduğunu bilmeyenler nasıl saygı gösterecekler? Öyleyse saygıdan önce atılacak ilk adım İlâhî iradenin murâdını anlamak olmalıdır. Zaten sohbet hep o istikamette cereyan etti.

Normal şartlarda "anlamak" aslında çok zor bir iştir. Hele söz konusu olan zaman ve mekândan münezzeh olan Allah'ın kelam-ı kadîmi olunca, onu mükemmel şekliyle anlamak hepten zordur. Onun içindir ki beşerin İlâhî iradeyi anlama için gösterdiği ilmî ve fikri çabalar sonucu ortaya koydukları yorumlar, düşünceler, hükümler, İslâmî terminolojide mutlak doğru olarak değil, doğruya en yakın manasında “eşbeh bi’l hak” diye isimlendirilir. Nitekim hadis, tefsir, tasavvuf, kelam gibi Kur’ân’dan nebaan eden, Kur’ân’la temellendirilen ilim dallarında yazılan müdevvenâttı bir kenara bırakıp, sadece tefsire bakalım; 15 asırdır sayıları binlerle, yüz binlerle ifade edilecek hacimde tefsir kitapları kaleme alınmış müfessirler tarafından. Bunların hepsinin de murâdı, Murâd-ı İlâhîyi anlamadır. Bu niyet, bu hedef ortaya çıkartmıştır bunca eseri. Bunun için sarf edilmiştir onca emek, çaba ve gayret. Onun için dedim, anlamak zor; Allah’ın murâdını anlamak belki zorlardan zor ama imkânsız değil.

İşte zor olan bu yola girmek murâd olmayı murâd edenlerin atacağı ilk adımdır. Bu da hiç şüphesiz Kur’ân’a müracatla başlayacak ve hiç bitmeyecektir. Yanlış değil; Kur’ân’ı anlama yolculuğu son nefesle biten; bu itibarla sonu olmayan bir yolculuktur. Bu yolculuğun ikinci önemli özelliği ise; sahil kenarlarında sığ yerlerden başlayıp denizin derinliklerine doğru kulaç atan yüzücüler misali, bu yolculuğa çıkan insanlar da, sığ yerlerden yolculuğuna başlayıp istidatlarına göre derinliklere doğru kulaç atarlar.

Buraya kadar söylediklerimizin Ramazan ile ilgisine gelince; Murâd olmayı murâd edenler, Ramazan aylarını İlâhî kelamı anlama, kavrama ve duyma adına değerlendirebilirler. Bir tek şartla ki sıra dışına çıkarak. Mevcut asırlardır yapıla gelen mukabele geleneğine anlama çabasını da ilave ederek. Meallerle, açıklamalı tercümelerle, tefsirlerle çıkmalılar bu yolculuğa. Anlamadıkları, anlamakta zorlandıkları yerleri çevresindeki uzmanlara sormalılar. Böylece hem Kur’ân’ın hem de Ramazan ayının bereketinden istifade ile bilgi dağarcıklarına yeni bilgiler koymalı; koydukları o bilgilerle hayatlarına yeniden şekil vermeliler.

Şart mı böyle bir şey diyenlere sadece bir soru sorarak cevap vermek istiyorum; yıllardır yaşadığım yurt dışında nice mühtedi gördüm ki onlar Kur’ân’ı, hem de farklı tercümelerden defalarca okumuşlar. Pekâlâ; ya doğuştan Müslüman olan bizler, kaç defa Kur'ân'ı tercümesiyle okuduk?

Mühtedilerin Kur'ân'ı okuma gayeleri meydanda; inandıkları dinin Allah tarafından gönderilmiş kitabını bilmek, öğrenmek, tanımak ve hayatlarını onun yol göstericiliği içinde şekillendirmek. Pekâlâ ya bizler? Aynı hedef bizler için geçerli değil mi? O halde!

Umarım her Ramazan'ımız, Kur'ân ile bütünleşme bağlamında diğer Ramazan'larımızdan farklı olur. Bu farkı yaşayabilmek için çalınacak kapı bellidir: Kur'ân.

Sağlık, sıhhat ve afiyet içinde nice Ramazan'lara!

İNANMAYACAKLAR!

"İnanmayacaklar" diye başladı sözlerine. "*İnanmayacaklar, bizim insanlığın sulh ve selameti için çalıştığımıza.*

İnanmayacaklar, dünyayı bütün insanlığın kardeşçe yaşadığı bir sulh adacığı yapmak için gayret gösterdiğimize.

İnanmayacaklar, ne dünya ne de ukbâ adına hiçbir beklentimizin olmadığına.

İnanmayacaklar, Allah'ın rızasından başka bir talebimizin bulunmadığına."

Bunları derken vücudu tel tel dökülmüş bir hâlde yorgun, sesi etrafındaki üç-beş insanın ancak duyabileceği kadar hafif ama mantık ve muhakemesi, ifade ettiği mana bütünlüğünden de anlaşılacağı üzere alabildiğine sağlam, azmi ve kararlığı her zamanki dinginliği ile yerinde, ruh ve heyecanı ise kabına sığmayan bir delikanlının heyecanları kadar ateşindi.

Sonra döndü kendi kendine muhakeme yapar tarzda sordu; "*Neden inanmıyorlar? Neden içte ve dışta psikolojide paranoya denilen hastalıkla izah edilebilecek bir sürecin içine giriyorlar? Neden kuşku ve şüphelerini izale edemiyorlar? Söylenen sözler, yapılan şeyler ortada; kuşkularını besleyecek herhangi bir delil ellerinde olmamasına rağmen; evet hâlâ neden bütün bu şüpheli bakışlar ve inkârlar?"*

Cevabını kendisi verdi: "*Dünyaya bizim baktığımız pencereden bakmıyorlar. Ukbâya bizim inandığımız gibi inanmıyorlar. Bizim için çok büyük mana ifade eden değerler, onlar için hiçbir mana ifade etmiyor.*

Biz ahiret, cennet, cemallullah diyoruz; Allah'ın rızası yeter diyoruz; onlar tam aksine dünya diyor başka bir şey demiyorlar.

Biz makam-mansıp, şöhret-şeref, para-pul bir kenara diyoruz; onlar bunları hayatlarının merkezine koyuyorlar.

Biz fani dünya, aldanmaya gerek yok; fani dünyada yapacağımız her şeyi ahirete göre, ahirette Allah'ın teveccühüne göre ayarlamalıyız diyoruz; onlar tam aksi istikamette düşünüyor ve inanıyorlar.

Biz "Dünyanın lezâizi zehirli bala benzer, lezzeti nispetinde elemi de vardır." penceresinden dünyaya bakıp meşru veya gayri meşru dünyevî lezzetlerin hepsinin bir imtihan unsuru olduğuna inanıyoruz, onların ellerinde böyle bir ölçü yok."

Bu cümleleri sarf ettikten sonra derinden derine bir iç geçirdi ve yorulduğunu söyledi. Gerçekten yorulmuştu; çünkü günlerdir hastane şartlarında tedavisi gereken bir hastalıkla boğuşuyordu. İç geçirmişti; çünkü anlaşılmıyor ve anlaşılamıyordu. Bilenler bilir, böylesi insanları üzen, sıkıntı ve cendere içine sokan şeylerin başında gelir anlaşılmama ve anlaşılamama. Hele bunlar aynı değerlerin, hatta aynı atmosferin paylaşıldığı yakın çevreden insanlar olunca, sanıyorum ızdırapları Ziya Gökalp'in cehalet için kullandığı tabirle 'mük'ap" seviyesine çıkar. İşte böylesi hallerde kaç defa dile getirmiştir şu mısraları: "*Dertliyim dersen bela-yı dertten âh eyleme; Âh edip dertsizleri derdinden âgâh eyleme.*"

Pekâlâ, neden konuşuyor diyebilirsiniz? Bence bu soru, insanın hangi pencereden hayata baktığını hatta derecesini ve seviyesini ele veriyor. Rica ederim; sıradan birinden değil; derdine âşık birisinden bahsediyoruz. Onun ruh dünyasından, gönül penceresinden, nazar adesesinden, gaye ufkundan dem vuruyoruz. Derdine âşık böyleleri söylegen olur. Mekân, zaman tanımaz böylesi zatlar. Usul ve üslubu, muhataplarına göre seviye ve dozajı bizzat kendileri ayarlayarak her ortamda dile getirirler dertlerini. Sonra yönlendirirler insanları o dertlerin çareleri diye öngördükleri şeylere. Kaç defa duymuşuzdur şu sözleri kendisinden: "*Elimden gelse, toprağın bağrına ekilen tohumlar gibi, insanların sinesine ızdırap tohumu, dert tohumu, sancı tohumu eker ve yeşermesini beklerdim. Günümüz dünyasının en büyük derdi dertsizliktir.*"

Bilmem dikkat ettiniz mi kuru bir tabirle dertli demedim; aksine derdine âşık dedim. Zira derdine âşık kişilere dertli demek aynı zamanda bir hakarettir. Yine kaç defa duymuşuzdur şu mısraları: "*Ya Rab! Bela-yı aşk ile kıl âşina beni/Bir dem belâ-yı aşktan etme cüdâ beni!*"

Sözün geldiği bu noktada tekrar etrafına baktı; salonda yer alanları teker teker dikkatlice süzdü. Kim bilir aklından neler geçirdi? İhtimal sözlerinin yanlış yorumlanacağından endişe etti ve hemen: "*Ama ümitsiz olmamak lazım.*" diye başladı tekrar konuşmaya. "*Evet, ümitsiz olmamak lazım. Ümitsizlik Kur'ân'ın beyanlarına göre kâfir sıfatıdır. Ümitsizliğe düşen Müslüman kâfir olur manası çıkartılmamalı bundan ama ümitsizlik küfre ait bir vasıftır. Hangi şart altında olursanız olun, ümitsiz olmamalısınız. Niyetiniz halis, gayeniz O ve O'nun rızası olduktan sonra, niye ümitsiz olacaksınız ki? Hz. Yusuf misali kuyunun dibinde de olsanız, ümitsizlik yok. Hem bakmaz mısınız Yusuf'un (aleyhisselâm) kıssasının anlatıldığı sûreye. Hz. Yusuf ile alâkalı her hadise neredeyse en ince detaylarına kadar anlatılıyor. Fakat kuyuya atılmasından dolayı evvel ve âhir hiçbir şikâyet cümlesi yok. Demek hiç etkilenmemiş. Ümit demiş yoluna devam etmiş. Zindana atılmış; yine etkilenmemiş, Rabbim demiş, çizgisini değiştirmemiş. Ve sonuç; müşarun bi'l benân yani parmakla gösterilen bir vezir olmuş."*

Sonra tekrar başa döndü ve her biri bîhemta elmas değerindeki şu tavsiyelerde bulundu. Hem de altları çizile çizile, üzerinde düşüne düşüne okunmaya değer tavsiyeler.

"Onlar inanmasa da, şüphe ve kuşku ile bakmaya devam etseler de siz çizginizi değiştirmeyeceksiniz.

Evrensel değerlerin ihya ve ikâmesi adına plan ve projelerinize devam edeceksiniz.

Dünyevî makam ve mansıpları ayaklarınızın altına aldığınızı halinizle, tavrınızla, davranışla göstermekten dûr olmayacaksınız.

Paranoyalara sebebiyet vermeden, insanlığın sulh ve selametinden başka hiçbir şey düşünmediğinizi çeşitli dillerle güçlü bir şekilde anlatacaksınız. Resimden, müziğe, romandan şiire, sinemadan spora kadar sanatın bütün alanlarını bir dil olarak kullanacaksınız.

Belki itiraz edenler olacak! Olsun.

Doğru mu diye tereddütler uyaranlar çıkacak? Çıksın.

Şimdiye kadar tahrip istikametinde kullanılan vesileler, neden tamir ve ihya istikametinde kullanılmasın ki?

Ben zamanımın çocuğuyum.

Aklı başında, dünyayı iyi okuyan hiç kimsenin itiraz edeceğini sanmam bunlara.

İtiraz etseler de bir mana ifade etmez.

Ve sabredeceksiniz.

Asırlardır devam ede gelen ve kangren olmuş yaraları birden tedavi edemezsiniz."

Kimden mi bahsediyorum?

Tahmin ettiğiniz gibi Fethullah Gülen Hocaefendi'den.

ALLAH'IN ÖNCELİKLERİNE ÖNCELİK VERMEK

Okumuş olduğunuz "İnanmayacaklar" başlıklı yazım gazetede yayınlandıktan sonra tahminim üzerinde müspet ve menfî tepkiler aldım. Şimdi okuyacağınız farklı perspektiften kısa bir değerlendirme hem de mezkûr e-postalara cevap özelliğini taşıma niyetiyle kaleme alınmıştır.

Bir kısım okurumuz e-postalarda dinî ve kültürel planda Hocaefendi'nin inanmayacaklar dediği kimselere nispetle çok daha fazla ortak paydaya sahip olduğumuz gerçeğini belirtiyor ve "Biz inanıyoruz ama başkalarının gördüğü kadar ilgi görmüyoruz." diyorlar.

Lafı eğip bükmeye hiç gerek yok; açık-seçik ve net olmak lazım. Çuvaldızı kendimize batırmak muhasebe ve murakabe ahlâkının gereği. Eğer böyle bir şey varsa, kim yaparsa yapsın tek kelime ile yanlıştır ve yanlış yapıyordur. Yanlışı müdafaa etme ise ayrı bir yanlıştır. Yanlış anlaşılmasın, yukarıdaki cümlede 'varsa' kaydını koymam, "asla, olmaz, olamaz, yoktur" gibi anlamsız bir iddiayı ihtiva etmemektedir. İnsanın olduğu her yerde her türlü yanlışın olabileceğinin idraki içindeyim. Eskilerin ifadesiyle kasde makrûn veya değil, "vardır, olabilir" ama bunların varlığı, gösterilen tavrın doğruluğunu göstermez.

Hocaefendi'nin en eski vaaz ve sohbetlerinde, yakın dairede tanıdığım günden bu yana yaptığı telkin ve tavsiyelerinde hep şunu gördük; kendi ifadesiyle "Allah ve Resûlullah'ın (sallallahu aleyhi ve sellem) önceliklerine öncelik vermek, Allah ve Peygamberine saygının ifadesidir. Bizler de kendi hayatımızda onlara öncelik vermek mecburiyetindeyiz." Sonra açıklamasını yapar bu tespitinin ve mealen der ki: Âyet ve hadislerde gördüğümüz gibi Allah tevhid kelimesine öyle bir önem veriyor ki günahkâr bir insanı, samimi, içten, halis bir kalble söylediği kelime-i tevhid sebebiyle cehennemden af ediyor. Efendimiz savaş meydanında tevhid kelimesini söyleyen birisinin öldürmesine gerekçe olarak söylenen "ölümden kurtulmak için" açıklamasını reddediyor ve "Kalbini yarıp da baktın mı?" diyerek hadisenin faili Hz. Üsame'yi ikaz edip, paylıyor.

Bu ve benzeri örnekler etrafında yapılan açıklamalarda, bizzat kendisinin taraf olduğu ikili münasebetlerde Hocaefendi'nin durduğu yer de, kavlen ve fiilen verdiği mesaj da meydandadır. Bütün bunlara rağmen bazıları Müslümanlarla münasebet noktasında başka bir kulvarda yol alıyorsa, yanlış ona veya onlara râcidir; bütün bir camiaya mal edilemez ve edilmemelidir.

Bununla birlikte şu gerçek unutulmamalı; İslâm adına ciddi kırılmaların yaşandığı yakın tarihimizde dine hizmet adına tercih edilen metodolojiden hareketle farklı grupların var olduğu inkâr kabul etmez bir gerçek olarak karşımızda durmaktadır. Yalnız bu farklılık ne kelam ilmindeki ifadesiyle mü'menun bih olan hususlarda, ne de namaz, oruç vb. imanın göstergesi sayılan ibadetlerdedir. Farklılık, dine, imana, insanlığa, evrensel değerlerin ikamesine yönelik hizmet modellerindedir.

İşte bu noktada başlayan ayrılıklar, zaman, mekân, insan, örf ve adet, gelenek ve görenek gibi faktörlerin devreye girmesi ile farklı şekiller almıştır. Kimi yerde yediği ayrı gitmeyen insanlar misali dostluklar kurulurken, kimi yerde de düşmanlığa kadar varan aksi tezahürler görülmüştür. Hakiki mü'minin ikinci tablodan rahatsız olmaması mümkün değildir. Rahatsızlığı izale ise karşılıklı atılacak adımlarla mümkündür. Yanlış yapan kardeşi uyarmak hepimizin vazifesidir.

Söylenecek o kadar çok şey var ki!

AHHH MÜSLÜMANLIK AHH!

Her zamanki gibi gamlı, kederli, hüzünlü haliyle başladı konuşmaya. Dokunaklı bir ses tonu ile yavaş yavaş, sade bir üslup, anlaşılabilir cümlelerle tane tane konuşuyordu. Kırık mızrabını gönül mahbesinin sinesine vuruyordu. Vurduğu her mızrap derinden derine karşılık buluyordu sinelerde. Sanki İslâm'ın, sanki insanlığın bütün dertlerini üzerine yüklenmiş gibiydi. Başkalarını bilemem ama en azından benim hissettiğim buydu. Rabbime karşı saygısızlık mı ettim bilmiyorum ama o anki hissiyatımı sizlerle paylaşayım. Şöyle dedim içimden "Yüksek tepelerde kar, bora, fırtına hiç eksik olmaz mı Ya Rab! Böylesi insanların hiç nefes almaya hakları yok mu? Bahar hiç uğramayacak mı bunların semtine?"

Ben bu haleti ruhiye içindeyken o, mütâreke yıllarının dertli şairinin bir şiirinden şu mısraları okumaya başladı:

"Harap iller serilmiş hanümanlar, başsız ümmetler
Yıkılmış köprüler, çökmüş kanallar, yolcusuz yollar
Bükülmüş beller, incelmiş boyunlar, kaynamaz kanlar
Düşünmez başlar, aldırmaz yürekler, paslı vicdanlar
Tegallübler, esaretler, tahakkümler, mezelletler

Riyalar, türlü iğrenç iptilalar, türlü illetler
Örümcek bağlamış, tütmez ocaklar, yanmış ormanlar
Ekinsiz tarlalar, ot basmış evler, küflü harmanlar
Cemaatsiz imamlar, kirli yüzler, secdesiz başlar
Gaza namiyle dindaş öldüren biçare dindarlar
Ipıssız aşiyanlar, kimsesiz köyler, çökük damlar
Emek mahrumu günler, fikri ferda bilmez akşamlar …"

Muarefesi olanlar anladı. Akif'ten bahsediyordu Fethullah Gülen Hocaefendi. Atâullah Bahâuddin'in "Odama girdim; kapıyı kapadım; ağlamaya başladım: O gün akşama kadar İslâm'ın garipliğine, Müslümanların inhitâtına ağladım, ağladım... " sözlerinden hareketle meşhur "Umar mıydın?" şiirini yazan Akif'ten.

"Umar mıydın ki: Ma'betler, ibadetler yetîm olsun?

Ezanlar arkasından ağlasın bir nesl-i me'yûsun?" diye başlayıp,

"Beyinler ürperir, yâ Rab, ne korkunç inkılâb olmuş:

Ne din kalmış, ne iman, din harâb, iman türâb olmuş!" diye devam eden ve nihayet,

"İlâhî! Bir müeyyed bir kerim el yok mu, tutsun da,

Çıkarsın Şark'ı zulmetten, götürsün fecr-i maksûda?" diyerek şiirini bitiren Akif'ten.

Farklı dönemlerde yaşasalar da çekilen dert, duyulan ızdırap, kıvrım kıvrım insanı kıvrandıran sancıların buluşturduğu iki insan bence M. Akif ve Hocaefendi. Onun için olsa gerek sık sık sohbet ve yazılarında Akif'e müracaat eder Hocaefendi. Yeri gelir düşüncelerini onun bihemta sözleri ile temellendirir. Gün gelir, destek alır ondan duygularına, hislerine; zaman olur, destek verir ona yaptığı tespitlerle.

İşte yine böyle bir zamanı yaşıyorduk. Anlaşılan o ki, Akif'in resmini çizdiği ciğersûz manzaranın sebeplerine değinecekti sohbetinde. Sözün akışı onu gösteriyordu, tahmin ettiğim gibi de oldu. Gözleri buğulu, azıcık duyarlı bir insanın ciğerini delen ok gibi, mızrak gibi sözleri ile şu tespitlerini dile getirmeye başladı yukarıdaki mısraları bitirir bitirmez: "*Ahh Müslümanlık ahhh! Senin derinliğini bulmak için çalışmadık. Senin enginliklerinde yüzmek için gayret sarf etmedik. Bulduğumuz ile yetindik. Dûn himmetlik ettik. Yedik, içtik, yan gelip sırtımız üzerine yattık. Bilmem ki bugünün nesilleri dünden farklı olarak buldukları ile yetinme, gözeleri eşeleyip onlarla iktifa etme yerine senin derinliklerine inme, enginliklerine yelken açma azim ve gayretini gösterebilecek mi?*"

Sonra o buğulu gözleriyle etrafına baktı; baştan sona süzdü herkesi. Ardından: "*Göstermelerini ümit ediyoruz.*" dedi. "*Bir ömür boyu biz bu ümitle yaşadık. Allah ümitlerimizde bizi inkisara uğratmasın.*" diye de temennisini dile getirdi. "Âmîn" sesleri duyuldu bu ara sohbet halkasından.

Hocaefendi devam ediyordu konuşmasına: "Eğer bu azmi gösterirlerse" diyordu, Allah'ın kâinata koyduğu tabii kanuna işaretle, "Gayret ve çabalarında ciddi olurlarsa, Allah aradıklarını ihsan edebilir onlara."

Pekâlâ, ciddiyetin ölçüsü neydi? Zihinlerde beliren bu soruyu cevapsız bırakmadı Hocaefendi. "Belki çoklarınıza ağır gelecek" kaydıyla: "*Yitiği arama duygusu vardır insanda. İşte bu duyguyu harekete geçirme. 5 asırdır, 10 asırdır yitirdiğimiz değerler var bizim. O değerleri yeniden bulmak, yeniden hayata mal etmek için günde 50 defa canını verecek ölçüde cömert davranma. Alın size yitiği arama, O'nu bulmada bir ciddiyet ölçüsü. Belki çoklarınıza ağır kaçıyor bu sözlerim! Eğer öyleyse "Dertli söylegen olur." perspektifinden bakın ve beni hoşgörün.*"

Gerçekten İslâm'ın derinliklerine dalma tarihte olmuş muydu, yeniden olacak mıydı? Ne düşünüyordu bu hususta? Arada sorulan bir soru münasebetiyle buna da cevap verdi Hocaefendi.

Soru, nefsin tezkiyesi, kalbin tasfiyesi diyerek kullandığımız tezkiye ve tasfiye kavramlarının açılımları ve bunların nefis ve kalb ile münasebetleri hakkındaydı.

Bu iki kavramın hem dil bilimi hem de literatürdeki kullanım alanlarını örnekleri ile açıkladıktan sonra dedi ki: "*Nefsin tezkiyesi, kalbin tasfiyesi hakiki Müslümanlığın yaşandığı dönemlerde sıradan şeyler; hem de herkes için. Ama şimdi mektep boş, mabed boş, ev boş, sokak boş; bütün bu boşluklar içinde dolu insanların zuhuru mümkün olmuyor. Ama olmuyor ve olmayacak deyip bir kenara mı çekileceksiniz? Elbette hayır. Şimdiye kadar yaptığınız işe devam edeceksiniz. Hayatın hiçbir alanını boş bırakmayıp mütecessis ruha sahip hür, sorumlu ve şuurlu insanlar yetiştireceksiniz. Bakın bizim insanımıza. Batılı insanların elinde var olan imkânların belki onda biri bile olmadan geldiği seviyeye. Hâricî ve dâhilî onca müdahalelere rağmen elde ettiği konuma. İmkânsızlıklar ve sahipsizlikler içinde ancak bu kadarı oluyor. Biraz imkân verilsin, göreceksiniz kimin aslan kimin kaplan olduğunu.*"

Söz kendini derin sulara kaptırmış, dalgalar misali tedailerin akışı içinde kâh oraya, kâh buraya vurarak ama müthiş bir insicam içinde ağızdan dökülmeye devam ediyordu. "Ahh Müslümanlık!" iç geçirişine son verecek diriliş hamleleri önündeki engellere sıra gelmişti. Çok farklı bir perspektiften baktı ve oldukça keskin cümlelerle temas etti meseleye Hocaefendi. "*Allah hakkına hakkıyla riayet etmeyenler, kul hakkına da hakkıyla riayet edemezler.*" dedi önce. Sonra; "*Kul hakkına, umumun hakkına, milletin hakkına tecavüz, Allah'ın hakkına da tecavüz sayılır ve Allah hesabını sorar bunun. Milleti bölüp parçalayanlar, hizip mülahazası ile hareket edip milletin aydınlık yarınlarına engel olanlar, ne Allah'ın rahmetine kavuşabilir ne de cennete gidebilirler.*"

Artık yorulmuştu. Duygu ve düşünce yoğunluğunun iç içe olduğu böylesi bir konuşmayı dinleme bizi yormuştu; konuşanı nasıl yormazdı ki? Bu defa buğulu değil, nemli değil, herkesin müşahedesiyle inci gibi yanaklarından aşağıya dökülen gözyaşları ile "*Allah keşke benim canımı alsaydı da milletim ayakta olsaydı. O ölüm denen şey neyse, günde bin kere bütün acılığıyla üzerime gelseydi de milletim ruhunun abidesini ikame etseydi.*"

Bu son iki cümle salonda bulunan bazı hüşyâr ruhların, mürde gönüllerin gözyaşlarını salmasına vesile olmuştu. İhtimal Hocaefendi bu atmosferi Allah'ın rahmetine vesile olur düşüncesiyle değerlendirmek istedi. Sonunda herkesin yüksek sesle "Âmîn!" diyerek karşılık verdiği şu cümlelerle bitirdi sözlerini: "*Allah'ın hakkına hayatımızın her bir saniyesinde riayet etme, O'nun hakkı bizim de vazifemizdir. Bence bu hakka riayet etme sorumluluğunun şuurunda olan her bir insan için aksa'l-gâyât olmalıdır. Aksa'l-gâyât; en yüksek hedef demek. Rabbim bu en yüksek hedefe ulaşanlardan eylesin.*" Âmîn.

Akif'le başladım Akif'le bitireyim;

"Şarka bakmaz garbı bilmez görgüden yok vayesi;

Bir kızarmaz yüz yaşarmaz göz bütün sermayesi" kategorisinde yer alanların bu sohbetten alacağı bir hisse olur mu acaba?

EY KİMSESİZLER KİMSESİ

Avni mahlasıyla şiir yazan Fatih Sultan Mehmet'e ait şu dizeleri okudu sürekli âfâkı kollayan buğulu ve nemli gözleri ile:

"Hiç kimse yok kimsesiz,
Herkesin var bir kimsesi
Ben bugün kimsesiz kaldım,
Ey kimsesizler kimsesi."

Sonra hiç düşünme molası vermeden ses tonunu hafif kaldırıp sanki Avni'ye itiraz eder mahiyette "Ben hiçbir zaman kimsesiz kalmadım; ey kimsesizler kimsesi!" dedi ve kendini saldı.

Öteden bu yana şu soruyu hep sorarlar bana; onca yıllık beraberliğiniz var; sizce Hocaefendi'nin en temel özelliği veya size tavsiye ettiği ve birinci sıraya koyacağınız, olmazsa olmazınız diyeceğiniz tavsiyesi nedir diye. Birbirinden ayrı gözüken bu iki sorunun bir tek cevabı var: T-e-v-h-i-d. Bir başka dille Allah'a iman; O'na güven ve itimad; kendimizin sıfır olduğuna can u gönülden inanıp her şeyi O'nun nâmütenâhî ilim ve kudretine havale etmek; hangi iş olursa olsun sadece ve sadece O'nun rızasını gözeterek yapmak ve katiyen neticelere karışmamak; üzülmemek, vardır bir hikmeti deyip geçmek.

Ne güzel der İbrahim Hakkı Hazretleri Tefviznâmesinde,

"Hak şerleri hayr eyler
Ârif anı seyreyler
Zan etme ki gayreyler
Mevla görelim neyler
Neylerse güzel eyler."

Aklınıza sebepler dairesinde yaşayan varlıklar olarak sebeplere riayet nerede kaldı sorusu gelebilir. Zaten yukarıdaki sözler bu sorunun cevabını oluşturuyor. Yani açıkça diyor ki, iradî ve sorumlu bir varlık olarak insana düşen, sebepleri dışlayarak avamca bir tevekkül anlayışının sloganı olan "Allah Kerim" demek değil; aksine sebepleri sonuna kadar yerine getirip ardından "Allah Kerim" deyip tevekkül etmektir. Şu sözler Hocaefendi'ye ait: "*Allah bize ne vermişse, akıl, mantık, his, muhakeme, vicdan, önsezi, sır, hafî, ahfâ, fiziki güç, kuvvet... Bunların hepsini birden seferber ederek kullanma. Eskiler ma hulika leh'ine muvafık kullanma derlerdi. Yaratılış gayesine uygun kullanma demek. Asıl mesele bunu yapma.*"

Maddî bağlamda bunlar yapıldıktan sonra İmam Şâfiî'ye dinin yarısı dedirten "Ameller niyetlere göredir." hadisince kalb balansını yapma. Bir kere daha Hocaefendi'ye kulak verelim: "*Önemli olan samimi olmak; olumsuz mülahazaların aktörü olmamaktır. Bunu yapabildiyseniz, hiç endişeniz olmasın Allah o işten hayırlar çıkartır.*" İbrahim Hakkı'ya bir kez daha müracaat edelim:

"Deme niçin bu böyle
Yerindedir o öyle
Var sonunu seyreyle
Mevla görelim neyler
Neylerse güzel eyler."

Son tahlilde birer dünyalı varlık olarak insanız ve ortaya çıkan, çıkmaya da devam edecek olan menfî ve musibet görünümlü şeylerden insanın üzülmemesi, rahatsız olmaması mümkün değil diyorsanız; ben yine İbrahim Hakkı derim:

"Hakk'ın olıcak işler
Ol hikmetini işler
Boştur gam u teşvişler
Mevla görelim neyler
Neylerse güzel eyler."

Seslendirdiğiniz duygu, düşünce, ortaya koyduğunuz plan ve projelerin anlaşılamaması karşısında kendinizi halinden dilinden anlaşılmayan bir garip gibi mi görüyorsunuz?

"Vefa umarken candan
Doldu gözüm hicrandan
Kaldım yaya dermandan
Hızlanla mı bitsin bu an?"

diyecek kadar kurbette gurbeti yaşayanlar, imtihan olduğunu düşünenler tarafından çevrildiğiniz hissi içinde misiniz? Cevabınız evet ise, yapacağınız tek bir şey var; Hocaefendi'nin "Her türlü gurbetin çaresi kurbettir." reçetesine müracaat etmek. Hz. Yusuf'un gurbeti ile yanıp tutuşan Hz. Yakup'un dediği gibi "Ben, tasa ve üzüntümü sadece ve sadece Allah'a arz ederim." deyip dua dua yalvarmak. Bugüne kadar yürüdüğü yoldaki istikametini koruyarak Hakka yakın, daha yakın, daha yakın olmak. Anlaşılmayı insanoğlunun aşamadığı ve aşamayacağı zamana havale edip sükût durmak ve beklemek. Gerisi lâf u güzâf.

CAN HULKUMA GELİNCE ÇIKAR MI?

Türkiye gündeminin kasavetli ve boğucu atmosferi her zaman olduğu gibi okyanus aşırı ülkede yaşanılan zemini ve zamanı esir almıştı. Yıllardan beri devam ede gelen ve yerlilerin katiyen yabancısı olmadığı bir haldi bu. Gazetecilere gündem zenginliğinden dolayı cennet dedirten bir ülkeden bahsediyoruz çünkü. Dengelerin sabah-akşam değiştiği, heyecan ve helecanın hep doruk noktalarda seyran ettiği bir yer zira bizim ülkemiz. Herkes için mi? Elbette hayır. İnsanlık ufkunun semasına çıkmış insanlar için. Parçada bütünü, bütünde parçayı görenler için. Dünde bugünü, bugünde yarını yaşayanlar için. Böylelerinin hadiselere bakışı da, etkilenişi de tabii ki işi ile evi arasında mekik dokuyan insanlardan farklı olacak. Beklentileri ile doğru veya ters istikamette yol alan süreç içinde duydukları sancı ve ızdırap başkalarının hayaline dahi misafir olmayacak ve olamayacak şekilde tezahür edecek.

Nitekim yine böylesi bir beklentiler kuşağında yaşarken Ramazan davuluna dokunan tokmağın çıkardığı ses misali kalbin atışlarının duyulduğu bir zamanda şunları söyledi: "Canım" dedi ve eliyle boğazını göstererek "Buraya gelince Kur'ân'a bakıyorum."

Bilenler bilir, tefe'ül denir buna. Objektif değil sübjektif bir inanıştır. İslâm'a göre ne bilgi kaynaklarından ne de bilgi sebeplerinden biridir. Bununla beraber tefe'ül yapan kişiye, onun Rabbisi ile Kur'ân'ı ile münasebetine göre farklı manalar ifade eder o. Yol verir, yön gösterir, ferahlatır, rahatlatır ya da dikkat fermanı çeker tefe'ül ve tefe'ülde çıkan âyet ya da hadis. Devam etti sözlerine: "*Can hulkuma gelince çıkar derler ama benimki çıkmıyor.*"

Âşık Yunus'un "Can hulkuma geldikte; Azrail'i gördükte; Ya canımı aldıkta; Asan ola mı Ya Rab!" deyişi ile güzel Türkçemizde kendine ayrı bir yer bulan hulkum, boğaz manasına gelir. Halk arasındaki inanışa göre de can hulkuma gelince çıkar gider. Ama diyor ki Hocaefendi "*Benim ki çıkmıyor.*" ve ilave ediyor: "*Mübalağa etmiyorum; inanın bana canım hep hulkumda yaşıyorum.*"

İşte tam böyle bir atmosferde terk ettim o mekânı kısa bir süreliğine. Geri döndüğümde "İnşallah içinde yaşadığımız yaz mevsimi gibi yaz gelmiştir; ayrılırken bıraktığım bulutlu, rüzgârlı, kasavetli havadan iz ve eser kalmamıştır." düşünce, temenni ve niyazları ile yol aldım. Aldım ama yanılmıştım. "*Elimde olsa milletin sinesine ızdırap, sancı, dert tohumları ekerdim.*" diyen O zat, ne baharın ne de yazın hiçbir şekilde uğramadığı o mekânda, insicam içinde ağzından çıkan sözleri ile sicim gibi gözyaşı pınarlarından boşalıp ilmek ilmek yanaklarına dökülen gözyaşları ile milletin toprak misal sinesine dert tohumu ekmekle meşguldü. Yine mağmumdu, yine mükedderdi. Uzun sözün kısası, kırık mızrap her zaman olduğu gibi sazın tellerine yine dert diye vuruyor, sancı diye inliyor, ızdırap diye gözyaşı döküyordu. Anlamakta zorlananlar için daha kısa ifade edeyim; değişen bir şey yoktu.

Ve sohbet ortamı; çoğu zaman olduğu gibi söz yine Akif'e gelmiş dayanmıştı. Belli ki Akif'ten iktibas yapacaktı. Bu defa bakalım Akif'i nasıl konuşturacak diye beklemeye kalmadan başladı şu dizeleri okumaya:

"Varsa şayet, söyleyin, bir parçacık insafınız:
Böyle kansız mıydı -hâşâ- kahraman ecdadınız?
Böyle düşmüş müydü herkes ayrılık sevdasına?
Benzeyip şirazesiz bir mushafın eczasına,
Hiç görülmüş müydü olsun kayd-i vahdet tarumar?
Böyle olmuş muydu millet can evinden rahnedar?
Böyle açlıktan boğazlar mıydı kardeş kardeşi?
Böyle adet miydi bi-perva, yemek insan leşi?"

Son satırı okurken ses tonu biraz sonra final yapacağım der gibiydi adeta ve tahmin ettiğim gibi oldu. Finali alabildiğine tok bir sesle şöyle yaptı:

"Irzımızdır çiğnenen, evladımızdır doğranan...
Hey sıkılmaz, ağlamazsan, bari gülmekten utan! ..."

Neydi anlattığı ya da anlatmaya çalıştığı şey? 72 yıllık hayatında bıkmadan, usanmadan dile getirdiği şeydi aslında. Yeni bir şey yoktu. Sadece metot değişik, kelimelerden oluşan cümleler değişik, o cümlelerin içine içirilen ruh ve hissiyatın seviyesi değişik ama mana ve muhteva aynıydı ve Kur'ân'ın tasrif usulünden farklı bir şey değildi bu.

Muhabbetin merkezinde bu defa Türkiye insanının belki de her gün cedelleşmek zorunda kaldığı hadiseler sebebiyle evrensel doğrular istikametinde tevhid ve ittihadı bir türlü yakalayamaması vardı. Bu doğrulara insan olan herkesin can ü gönülden destek vermesi, evet demesi gerekirken hayır demeleri ve diretmeleri vardı. Evde, sokakta, mahallede oyun oynarken sudan sebeplerle mızıkçılık yapan ve oyunbozan çocuklar misali devasa insanların kin, nefret, haset ile hareket etmeleri vardı.

Sonra söz cephe değiştirdi. Aynaya bakmamız isteniyordu şimdi de. Kısa bir girizgâh ile sözün muhatabının değiştiğini anlattı herkese ve *"Küçük bir kaba kuvvetle geri püskürtülecek insanların çokluğu sizi aldatmasın.*" dedi. Ne oluyor demeye kalmadan: "*Dertsiz insanlarla bir yere varılamaz. Geceleri uykuları kaçmayan; kaçıp yataktan kalkmayan; kalkıp Rabbe dua dua yalvarmayan fertlerle yol alınamaz. Böyle kişilerin dile getirdiği düşüncelerle bir adım mesafe kat edilemez. Çünkü böylelerinin ağızlarından dökülen sözler, söz değil sadece kuru bir laftır.*"

Söz bu minval üzere dolaşırken, yine tefe'ül ile nefes almaya durdu ve dudaklar mırıldayan dualarla kıpırdanırken, parmaklar bir sayfayı açtı. Bu defa konuşan âyet şuydu: "*Allah göklerin, yerin ve bu ikisi arasındakilerin Rabbidir. Şu halde, O'na ibadet et ve O'na ibadet etmede sabırlı ol. Hiç, O'nun adını taşıyan birisini biliyor musun?*" (Meryem, 19/65). Kur'ân'ı kapatırken derin bakışları ile etrafı süzdü ve şu cümlelerle bağladı faslı "*Evet; ibadete kendini sal ve ibadete karşı sabrı fıtratının bir derinliği haline getir.*"

O çalışmak ve dinlenmek için koltuğundan kalkadursun, ben bir başka fasıldaki cümleleri ile tamamlayayım yazıyı; "*Biz 'Ölülerinizin kötülüklerini yâd etmeyin; onları iyilikleri ile anın.*" hadisine muvafık hareket etmeye özen gösteriyoruz. Ecdadımız için kendi devirlerinde yapmaları gereken ama yapmadıkları vazifeleri tadat edip yuh olsun onlara demiyoruz. Fakat gelecek nesillerin bu temkine sahip olup-olmayacakları konusunda bir şey diyemem.*"

Bu tablo karşısında hâlâ ne yapmalıyız diye soruyorsanız; Merhum M. Akif ile cevap vereyim:

"Zevke dalmak şöyle dursun, vaktiniz yok mateme!

Davranın zira gülünç olduk bütün bir âleme."

GAYRETULLAHA DOKUNMAYA AZ KALDI

İslâmî camiada çoklarının bildiği meşhur bir hikâyedir. Bir derviş berberde tıraş koltuğunda iken mahallenin meşhur kabadayısı gelir ve dervişin başına vurarak: "Kalk bakalım kabak. Tıraş sırası bizde." der. "Dövene elsiz, sövene dilsiz" olmayı kendine hedef edinen, halktan gelen her şeyin Hak'tan geldiğine inanan derviş sabreder. Ne berber ne de derviş bir şey diyebilir kabadayının bu yakışıksız ve kaba davranışına. Bizim derviş "la havle" çekerek, "Ya sabır!" diyerek tıraşı yarıda keser ve yan koltukta oturmaya başlar sessizce. Fakat kabadayının dili durmaz; tıraş boyunca "kabak aşağı, kabak yukarı" hakaretamiz nice ifadelerle dervişi sürekli aşağılar ve işi bitince çeker gider. Gider ama daha berber dükkânının önündeki sokağa adımını atar-atmaz, sürücüsünün kontrolünden çıkan ve hızla yol alan bir at arabası, kabadayıyı altına alır, metrelerce sürükler ve kabadayı feci bir şekilde can verir. Bu manzarayı gören berber: "Derviş! Biraz ağır olmadı mı?" diye sorar. Dervişin verdiği cevap şu olur: "Hayır. Kabadayının hakaretleri gayretullaha dokunur diye aklıma geldi ve içimden hakkımı da helal ettim. Ama bu kabağın da bir sahibi var!"

Nereden çıktı diyeceksiniz bu hikâye. Yaklaşık 15 gün önce

dinlediğim bir sohbet ve aynı istikamette yıllar öncesinden zihnime kazınan bir konuşma bana bu hikâyeyi hatırlattı. İkincisinden başlayayım. Zihnime kazınan dediğim konuşma, 1979 yılına ait. Mevzu, Uhud savaşı. Bedir'in intikamını almak için yaklaşık 500 kilometrelik yolu kat eden gözü dönmüş kâfirler, Medine'ye 6 kilometrelik mesafede bulunan Uhud dağı önlerinde Müslümanlarla savaşıyor. Çetin bir mücadele oluyor. Savaşta 70'e yakın Müslüman şehit olurken, Efendimiz de yaralanıyor. Dişlerinden birisi yanağına isabet eden bir ok sebebiyle kırılıyor. Üstü başı kan revan içinde kalıyor ve etrafındaki beş-on insanla Uhud'un eteklerinden, Uhud'un içine doğru yol alıyor. Sözü burada Hocaefendi'ye bırakalım: "*...Canım çıksın, mübarek kanları yere akıyor; eliyle kanlarını siliyor; bu çirkin, bu şe'ni tecavüz gayretullaha dokunur da Allah ümmetimi kahreder diye ellerini yüceler yücesine kaldırıyor ve Cibril enfâs havasıyla: Allah'ım! Başımı yaran, dişimi kıran, kanımı akıtan kavmimi hidayet eyle; çünkü onlar beni bilmiyorlar. Bilselerdi yapmazlardı!*"

Hemen her Müslüman'ın bildiği bu ciğersûz hadiseye Hocaefendi'nin getirdiği yoruma dikkatlerinizi çekerim. Niye dua ediyor Efendiler Efendisi? Gayretullaha dokunmasın diye.

Şimdi gelelim 15 gün önce dinlediğim sohbete. Bir önceki "Can Hulkuma Gelince Çıkar mı?" başlıklı yazıda tasvir etmeye çalıştığım ortam benzeri bir ortamdı. Onun en kötü şartlarda bile yıllardan beri hep ümit kokan, ümit konuşan, ümit soluklayan düşüncesini, inanışını, halini, tavrını, karakterini bilmeyen insanlar, ne konuşulduğu bir kenara sadece ses tonundan, bitkin halinden ve sürekli âfâkı gözetleyen yorgun gözlerinden dolayı ümitsizliğe kapılırlardı.

Pekâlâ, ne konuşuyordu? Belki yüz yıla yakın belki de yüz yılı aşkın bir zamandır kendisinin tabiriyle "tekvinî masumiyete" sahipmiş gibi davranan çıkar zümrelerinin la yüs'el ve sorumsuz tavırlarından bahsediliyordu. Resmî sivil ayırt etmeksizin hayatın değişik kademelerinde varlığı inkâr edilemez zümrelerin bu türlü tavırlarının gerek din nezdinde, gerek gelenek ve göreneklerimizde ve gerekse insan hakları, hukukun üstünlüğü, eşitlik, adalet vb. evrensel değerleri merkeze koyan sistemlere göre yanlışlıklarından; bu tavırlar neticesi zayi edilen zamanlar, heder edilen canlar ve cananlar, dul, yetim ve öksüz kalan kadınlar-erkekler ve çocuklardan bahsediliyordu. Heba olan fırsatlar, telafisi imkânsız kayıplar ve bütün bunların yekûnundan oluşan perişan halimiz masaya yatırılmıştı. Sözün akışı ve dinleyicilerin de sorularla katıldığı süreçte yer yer bugünkü perişan halimiz şanlı mazimizle mukayese yapılıyordu. Fakat bu mukayeseler işin ızdırap boyutunu daha da artıyor ve duyarlı insanlara "Keşke muhabbet sona erse; tahammül kalmadı artık." dedirtiyordu.

Nihayet söz, sözün bittiği yere geldi, dayandı. Dedi ki Hocaefendi: "*Gayretullaha dokunmasına az kaldı; hem de çok az kaldı. Bir adım mı, iki-üç adım mı bilemiyorum ama böyle devam ederse çok az kaldı.*"

Bunları derken sakın "Sevinçli miydi, yüzü gülüyor muydu?" diye düşünmeyin. Aksine hüzün hâkimdi sözlerine. Üzüntü adeta kara bulutlar gibi çökmüştü konuşulan ortamın üzerine. Çünkü o biliyordu ki İlâhî kanun bir topluma musibet verecekse, o musibet günahkâr-masum ayırt etmeksizin herkesi içine alır. İlâhî irade Hz. Âdem'den bu yana hep böyle tecelli etmişti zira. Hz. Nuh'a bakın, Hz. Lut'un kavmine bakın, yakın ve uzak geçmişte cereyan eden tabiî afetlere bakın hep bunu görürsünüz.

Geriye döneyim; gayretullaha dokunmaya çok az kaldı dedikten sonra ortama ciddi bir sessizlik hâkim oldu. Hemen herkes kafasını önüne eğmiş ve sanki meselenin ciddiyetinin farkına varmışlardı. Hafifçe kaldırdığı ses tonu ile şiirin kafiyesini koydu: "*Allah imhâl eder ama ihmâl etmez ve bir de yakaladı mı iflah etmez.*" İşte Allah'ın cezalandırmak için yakalaması, perçeminden tutması, yeter artık, dur demesi ibrenin gayretullaha dokunduğunun göstergesidir. Asırlık zulümlerin, baskıların, hiçe saymaların, yok farz etmelerin cezasını toptan verir ve öyle bir sille aşk eder ki nereden geldiğini kimse anlayamaz.

Gayretullah ile alâkalı birbirini tamamlayan üç husus anlattım. İnanmayanlar için belki bir mana etmez bu söylenenler. Fakat inananlara çok şeyler anlatır.

İnananlar İlâhî takdirin menfî olarak tezahür ve tecelli etmemesi için fiilî gayretlerine ve kavlî dualarına devam etmeliler. Şu âyet inananların rehberi olmalı: "*...Allah istiğfar ettikleri müddetçe onlara azab edecek değildir.*" (Enfal, 8/33)

İnanmayanlara gelince; ne diyelim Allah basar ve basiretlerini açsın. Unutmasınlar; dervişin dediği gibi "Kabağın da bir sahibi var."

DUA ABİDESİ

"Kullarım Beni senden sorarlarsa, bilsinler ki gerçekten Ben onlara çok yakınım. Dua edenin duasına icabet ederim." (Bakara, 2/187) âyetinin tefsiri üzerinde duruluyor. Elmalılı merkez, 7-8 ayrı tefsirden âyete getirilen yorumlar mütalaa ediliyor.

Nasıl olduysa söz birden karı-koca arasındaki münasebete geldi. Olan ile olması gerekenler konuşuluyordu. Dede ve ninelerimiz arasındaki cennet sıcaklığını andıran huzur ortamları tasvir edildi. Günümüz evliliklerinde bu huzurun ve mutluluğun bir türlü yakalanamayışındaki sebeplerden dem vurulmaya başlandı. Kur'ân "Siz birbirinizin elbisesiniz." dediği halde, karı-kocanın birbirlerine karşı eksik ve gediğini kapatan elbise misali varlıklar olmayışının nedenleri irdelendi. Sizin anlayacağınız söz, tamamıyla dünya hayatı ve günümüzde aile içi iletişim denilen çizgide cereyan etmeye başladı.

Yazı diline dökebilir miyim, size o ortamı tam manasıyla tasvir edip, sizi de halkaya dâhil edebilir miyim bilmiyorum ama deneyeyim; çok tatlı bir muhabbet var. Nasıl olmasın ki, muhatapların hemen hepsinin müspet veya menfî yaşadığı, günlük ve gündelik hayatının en önemli alanına ait sahada enfes tahliller yapılıyor.

Problemler teşhis ediliyor, sebeplere işaret ediliyor, çareler ve çözüm yolları gösteriliyor ve insan kendini ister-istemez bu işin parçası olarak görüyor. "*Günümüzde evliliklerin altı boş. Bunun mutlaka doldurulması lazım.*" diyor bir ara ve hemen ardından ana unsurlar ile misallerini veriyor. Çocuğu ana unsurlar arasında sayıyor ve ilave ediyor: "*Çocuk mesela. Çocuk karı-kocanın ortak varlığı olması itibarıyla yuvaya ayrı bir hava, ayrı bir renk katar. Çocuklarını hayata hazırlama ortak bir dert olarak karı-kocayı birbirine yakınlaştırır.*" Sonra bir başka ana unsuru seslendiriyor; hayatın paylaşılması.

Burada bir lahza durun ve karı-kocayı birbirine yaklaştıracak, bir bütünün hakiki parçaları haline getirecek, huzur ve mutluluğa onları sürükleyecek hayatın paylaşılması ile alâkalı vereceği misali tahmin edin. Benim aklıma gelen; hayata ait her şey. Şahsen sohbet esnasında sözün akışının bu istikamette olacağını tahmin ettim ve beklemeye durdum. Şimdi "Maddî sorunlarımızı nasıl aşarız; eve alınacak mobilyalar nasıl olmalı; yıllık tatilde ne yapabiliriz; çocukların okul, ders, öğretmen vb. münasebetlerindeki muhtemel veya vaki problemleri nasıl çözeriz; bilgisayar güvenliği, TV alışkanlığı konusunda ne yapabiliriz; gelin-kaynana geçimi" ve benzeri örnekler verilecek beklentisi içine girdim. Öyle ya, aile içi iletişimden, karı-koca arasındaki muhabbetin temellerinin atılması ve boşluklarının doldurulmasından konuşuyoruz. Ana unsur -isterseniz buna alt başlık deyin- hayatın paylaşılması. O zaman bunlardan daha güzel misaller mi olur?

Ama beklentim gerçekleşmiyor. Birden kabına sığmayan delikanlılar misali heyecan ve helecan içinde apayrı bir âlemden misal veriyor. "*İslâm dünyasının bugün içine düştüğü duruma bakın. Haçlı seferleri esnasında bile bu kadar aciz değildik biz. Bu manzara karşısında günde en az 50 defa kahroluyor ve Allah canımı alsın diyorum.*" Değişen ses tonu salonda bulunanları toparlamaya yetiyor. Muhataplar maddeten ve manen toparlanadursun söz çağlayanlar hâlinde almış başını gidiyor ve adeta yerinde duramıyor bir vaziyette: "*Bir de bu hissiyatımı paylaşan, bu mesele dile getirildiğinde yerinden hoplayıp 'Seninle aynı düşünüyorum, aynı ızdırabı yaşıyorum, senin boşalmana bedel aynı hissiyatla doluyorum.' diyen insan olmayınca, bundan dolayı da ayrıca kahroluyor ve yine 50 defa canımı alsa Allah diyorum.*"

Nereden nereye diyeceksiniz ama mevzu unutulmuş değil. Zira son cümlesi şu: "*İşte hayatı paylaşma bu.*" Sözün geldiği tam da bu noktada arzu ederseniz, Efendimiz ile Hz. Hatice validemizi hatırlayabilirsiniz. Onların hayatı nasıl paylaştıkları, en kötü günlerde nasıl birbirlerine destek verdiklerini derhatır edebilirsiniz.

Sanırım anladınız. Karı-koca münasebetinde hayatı paylaşmaya verilen misal bu. Çok kaba kaçacak belki ama siz bu sözler arkasında şunu görmüyor musunuz; "Dervişin fikri neyse, zikri de odur." Bence burada onu görmek lazım.

Sonra söz yeniden başladığı yere yani "Kullarım Beni senden sorarlarsa, bilsinler ki gerçekten Ben onlara çok yakınım. Dua edenin duasına icabet ederim." âyetinin izahına döndü. Çok çarpıcı şeyler söyledi Hocaefendi dua adına. Ama asıl çarpıcılık, söylediği sözlerden, yaptığı tespitlerden ziyade, bunları yaşamasıydı. Muhatabın vicdanını hoplatan, yüreğini yerinden oynatan ve söze asıl tesir gücünü veren onun dua eksenindeki yaşantısıydı.

Hocaefendi'nin şu ana kadar fıkıh, hadis, tefsir, tasavvuf ilimlerindeki yeri, anlayışı, metodu ya da bir sivil toplum kuruluşu önderi olarak ihraz ettiği konum mukayeseli ilmî çalışmalara konu oldu. Ama onun Rabbisi ile irtibatının hem sebebi hem de sonucu olan dua yönü diğerleri ölçüsünde araştırmalara konu olmadı. Ne sahih hadislerden derlediği dua mecmuası ne 700 sayfalık hacmiyle derleme "el-Kulûbu'd-Dâria'sı ne de yakınlarda kitap olarak piyasaya sürülen telif "Bir Kırık Dilekçe"si. Ümit ederiz ki bir gün Hocaefendi ve duayı merkeze alan çalışmalar yapılır. Ve yine ümit ederiz ki bizler de bir gün Hocaefendi misal duayı hayatımızın merkezine oturtup, dışarıdan bakanlara "mahza dua" ya da "dua abidesi" dedirtecek bir kıvama bürünürüz.

Şimdi hiçbir yorum ve te'vile tabi tutmaksızın Hocaefendi'nin yukarıda mealini verdiğimiz âyetin tefsiri sadedinde yaptığı açıklamaları alt alta kaydedelim. Umarım bu görüşler Ramazan'ın bitip çoklarının dünyevîliğe doğru kaymaya başladığı bir zaman diliminde frenleyici bir etki yapar.

"*Allah insanlara her zaman yakındır. Esas uzak olan insandır. Cismanî istekleri, arzuları, hırsları insanı Allah'tan uzaklaştırır. İşte dua ile insan bu uzaklığı aşmaya çalışır. Bu zaviyeden dua, insanın Allah'a karşı olan uzaklığını aşma çabasının adıdır.*

"*Dua sebepleri çer-çöp gibi bir kenara atıp doğrudan doğruya müsebbibü'l-esbâb olan Allah'a teveccühtür. Bu yönüyle dua ubudiyet-i hâlisadır. Öyleyse istediğimiz şeyleri isteyip nihâî kararı O'na bırakmalı ve hakkımızda hayırlısı ise demeliyiz. Bu O'na olan saygımızın, iman ve itimadımızın gereğidir.*

Efendimiz'in (sallallahu aleyhi ve sellem) hayatına bakın; hayatının her karesinde dua vardır. Bağışlayın; helâya girerken dua, çıkarken dua, horoz ötünce dua, aynaya bakınca dua, yatarken dua, kalkarken dua, elbise giyince dua, evden çıkınca dua. Hâsılı dua, dua, dua. Dua, Efendimiz'in hayatının içine işlenmiş dantelâlar gibidir.

İnsan bazen öyle bir hâle gelir ki ne isteyeceğini şaşırır. Bu makamda insan "Senin benim halimi bilmen, beni bir şey istemekten müstağni kılıyor." diyebilir. Ama bütün bütün duayı terk etme, Allah'a tazarru ve niyazda bulunmayı bırakma düpedüz nankörlüktür. Unutmayın; Allah kendinden müstağni olanlara gazap eder. Böyleleri ne Allah'ın büyüklüğünün ne de kendi küçüklüğünün farkındadır.

Duada önemli olan dua dua yalvardığınız şeyin, teveccüh ettiğiniz Zat-ı İlâhî nezdinde bir mana ifade etmesidir. Nezd-i ulûhiyette hora geçen şeyleri siz kendi aklınız, fikriniz, ruhunuz ve vicdanlarınızla değerlendirin ve ona göre dua edin. Mesela bir kişinin imanı, üzerine güneşin doğup battığı her şeyden daha hayırlı ise, neyin önemli olduğu, neyin O'nun katında hora geçtiği kendiliğinden tebeyyün etmiyor mu? Bunun karşısında insanın cenneti istemesi çok küçük kalır. Öyleyse küçük şeylerle vakit kaybetmemek lazım.

Duaların kabulünde üç şey çok önemlidir; zaman, mekân ve insan. Zaman ve mekân malum; Kadir Gecesi, cuma günü saat-i icâbet, Kâbe, Mescid-i Nebi ve Mescid-i Aksa gibi zaman ve yerlerde dua etme. İnsana gelince; ondan kasıt dua eden insanın halidir, ızdırabıdır, sancısıdır. Bir karıncanın çukura düşmesi karşısında üzüntü duyan insan, binlerin-milyonların cehenneme gidişi karşısında ızdırap duymuyorsa, o, ızdırap nedir bilmiyor demektir.

Dualarda Allah sadece söze değil sözün yanında bir de sözün sahibine bakar. Acaba o kişi, ağzından çıkan o sözleri ne kadar içselleştirmiş; o sözler onun gönlünde, kalbinde, ruhunda ne kadar yer etmiş; heyecan ve helecanlarına ne kadar yansımış!

O'na olan yakınlığı korumak lazım. Yakınlığı koruma O'na çok vefalı olmakla mümkün olur. Bu, O'nun hakkı, bizim de vazifemizdir.

BELKİ BİR GÜN BİZ DE İNSAN OLURUZ!

Hocaefendi'nin literatürüne vâkıf olan insanlar, 'insanın' onun düşünce dünyasında ne mana ifade ettiğini gayet iyi bilirler. Ona göre insan demek her şeyden önce İslâm demektir.

Bu demek değildir ki İslâm olmayan insan değildir. Hayır; ama insanlığın kemal zirvesine ancak İslâm ile İslâm'ın değerlerini hayata hayat kılmakla çıkılır. Onun içindir ki kâmil insan, kâmil Müslüman'la eşdeğerdir.

Ona göre insan demek; ukbâyı dünyaya önceleyen kişi demektir. Ukbâ-dünya muvazenesini yapamayan; yapamayıp ebed için yaratılmış bütün kabiliyetlerini şu fani ve geçici dünya için kullanan insanın, insanlıktan nasibi, işte o kadardır. Öyle ya Hakk'ı, O'nun emir ve yasaklarını unutup dünyayı yegâne matlup ve ma'bud yapan, ahiret de dâhil her şeyi dünya ölçülerine göre değerlendiren insan, hangi ölçüde insandır?

Ona göre insan demek; tekvinî ve teşriî kurallara bir bütün olarak bakan varlıktır. Allah'ın kâinata koyduğu tekvinî, peygamberler vasıtasıyla bizlere öğrettiği kurallar da teşriî'dir. Bu kuralları kabulleniş ve uygulayışta bütünlüğü yakalayan kişi ve toplumlar kemale doğru yol alır. Sebepler üstü değil sebepler dairesi içinde yaşadıklarının farkında olarak işlerini ona göre programlarlar. Allah'ın ekstradan lütuf ve ihsanlarına gelince; onlar bazen sebepler üstü olsa da genelde sebeplere riayetle birlikte gelen şeylerdir. Şu vecize Hocaefendi'ye ait: "*Önce plan ve program; sonra lütuf ve ihsan.*"

Ona göre insan demek; Allah'a kul olan kişi demektir. Kayıtsız-şartsız, ama'sız-fakat'sız Rabb'isinin her türlü emir ve yasağına can-ı gönülden evet diyen, inanç ve amel bütünlüğü içinde onları Allah'ın teftişine arz eder ciddiyette yerine getiren kişidir insan. Te'vil ve tefsir istemeyen, "Ben cinleri ve insanları başka değil, sadece ve sadece Bana ibadet etsinler diye yarattım." âyeti zaten bunu anlatmıyor mu?

Ona göre insan demek; adalet ve eşitliği içtimaî hayatın neresinde bulunursa bulunsun her daim gözeten, Allah hakkına riayet ölçüsünde kul hakkına riayet eden canlı demektir. Kul hakkında kusuru olanlar yiyen-içen, yürüyen-koşan, gülen-oynayan sureta canlı olsalar bile, aslında kalb ve ruhları ölmüş birer cansızdırlar. Yaptıkları zulümler, baskılar ve suiistimallere bağlı olarak farklı cansızlıklarına farklı vasıflar katar bunlar. İşyerinde göz göre göre, yüzde yüz haksız icraatları ile memurlarına zulmeden sureta insan gözüken kişilere cansız canavar denir mesela.

Ona göre insan demek; mus'ab olduğumuz onca devâhî ve dert karşısında şahsiyetini, çıkarlarını, 'ben, ben, ben' diye kendini göstermek isteyen enaniyetini her şeye rağmen bastırabilen kişi demektir. Atalarımızın "Edeb ya Hu!" deyişine paralel olarak "Fedakârlık ya Hu!" diyen, diyebilen böyle kişilerdir. İçtimaî nizam ve ahenk böyle fedakâr ruhlarla sağlanabilir ancak.

Daha "Ona göre insan demek" deyip, Hocaefendi'nin insan anlayışına vurgu yapan ana düşünceleri aktarabilirim fakat buraya kadar aktardıklarım birçok sohbette dile getirdiği düşüncelerinin daha iyi anlaşılmasına yeterli zemini teşkil ettiğine inandığım için iktifa ediyorum.

Çalkantıları çalkantıların takip ettiği, mübalağası içinde 24 saatte 24 defa gündemin değiştiği günlerdi o günler. Halinden besbelli, gözlerini her zamanki gibi âfâka dikmiş, bedenen burada ama hayalen gelecekte yaşadığı izlenimini veren bir haldeydi. Birazdan yapılacak tefsir dersi için salona girişler olmaya başlamıştı. Dersi takip edecekler salona giredursun, o gözlerini diktiği noktadan ayırmaksızın Alvar İmamı'na ait şu dizeleri içli bir eda ile okuyordu: "Âşık der incitenden / İncinme incitenden / Kemalde noksan imiş / İncinen incitenden."

Anlaşılan oydu ki incinmişti. Zaten Hocaefendi gibi "*Ateş önce beni sonra düştüğü yeri yakar.*" diyen bir insanın gündemdeki hadiselerden incinmemesi mümkün değildi ki! Fakat sonra anlaşıldı ki incinmesi genel gündemin yanında hususi dairede, belki kendisinin de taraf olduğu bir hadise ile alâkalıydı. İhtimal muhatap salonda, dinleyiciler arasındaydı. Zaten bu türlü şeylerde "İma edilen ve mesaj verilen mevzuun kahramanı benim, hadise de şu." demedikten sonra kimse net olarak bilemez neyin ne olduğunu. Tahminler yürütebilirler fakat adı üzerinde tahmin. Dolayısıyla aşağıda aktaracağım tespitlerin gerçek sebebini bilemiyoruz. Bununla beraber verilen mesajlar açık ve net; herkesin istifadesine hazır ve nazır. Kaldı ki bu bir peygamber ahlâkı. Muhatabı rencide etmeden, isim vermeden, hadise ekseninde genel mesajların verilmesi.

Biz dönelim "Âşık der" ile başlayan dizelerini takip eden sözlere. "*Müslümanlığın kaderiyle alâkalı öylesine problemler var ki şu an, bunları görmezden geliyor ve şahsî çekişmelerimizle kendimizi meşgul ediyoruz. Hâlbuki öyle bir zaman dilimindeyiz ki bir insan kanser olsa şimdi, karşı karşıya olunan hadiseler karşısında onu bile hiç aklına getirmemeli.*"

Mana ve muhteva bütünlüğüne zarar vermeyecek ölçüde tasarruf ederek, usul gereği mealen diyerek devam edeyim: "Şu *ana kadar düşmanların cefası kadar dostların da nice vefasızlığını gördüm. Ama Allah'a yemin ederim, dost vefasızlıklarından hiçbirini hiç kimseye anlatmadım. Bir yâr-i vefadar bulamayıp ağladığım çok anlar olmuştur benim. Evet; azıcık yürekli olmalı insanlar. Şu problemler çözülsün, Allah bin defa benim canımı alsın diyecek kadar yürekli.*"

Mevzu anlaşılmıştı; İslâm olan insan, ukbâyı dünyaya önceleyen insan, tekvinî ve teşriî kurallar bütünlüğü içinde hayatı kucaklayan insan, Allah'a kayıtsız şartsız kul olan insan, her şeyinde adalet ve eşitliği gözetip kul hakkına riayet eden insan ve ene'sini nahnü'ye feda edip buz parçası yerine deryada damla olmayı tercih eden insan, bugünü ve yarını ilgilendiren bunca derdin yanında yeni sorunların parçası olmamalıdır.

Pekâlâ, bu manada dünya cennetlere döner mi? İnsanlar kâinatı uhuvvet beşiği, kendilerini de o beşikte yatan kardeşler olarak kabullenip, ahenk içinde, tartışmasız-nizasız; kavgasız-gürültüsüz bir hayat sürebilirler mi? İradenin yani insan olmanın, daha doğru tabirle İslâm olmanın hakkını verirsek neden olmasın! Hele bu iradeyi hakkıyla devreye koyalım; göreceksiniz, Rabbimiz lütuf ve ihsanını sağanak sağanak üzerimize yağdıracaktır. İnanmakta zorlananlara tavsiyem; denesinler. Kazançtan başka kayıpları olmayacaktır. Ne güzel demiş Osman Hulusi Efendi:

El ile dövseler de,
Dil ile sövseler de,
Bin kez incitseler de.
Bir can incitmeyesin.

Yazıya başlık yaptığım cümleyi mi merak ettiniz? Bu sohbet faslının son cümlesiydi: "*Belki bir gün biz de insan oluruz.*"

BİR VARMIŞ BİR YOKMUŞ!

Bir varmış bir yokmuş; evvel zaman içinde kalbur saman içinde nehir kenarında şirin bir köy varmış. Köy ahalisi geçimini ziraat ile sürdürür; cami-ev ve tarla üçgeni içinde akıp giden mutlu bir hayat sürerlermiş. Bir gün tarlasına çalışmaya giden bir köylü, nehrin içinde çırpınıp duran bir bebek görmüş. Zavallı yavrucak, o gün sakin sakin akan nehrin sularına kendini salmış, hiçbir şeyin farkında olmadan hayatta kalma mücadelesi veriyormuş. Ağlamadan dolayı kısılan sesi, boğulmamak için verdiği mücadeleden takatsiz kalan vücudu ona yolun sonuna geldiğini söylüyormuş ama o yine de hayata tutunmaya çalışıyor ve son ağlayışları, son çırpınışları ile lisan-ı haliyle çevreden imdat bekliyormuş. O köylü bu manzarayı görür-görmez hiç düşünmeden atlamış suya ve kurtarmış o yavrucağızı? Kim kurtarmaz ki?

Köylü kurtardığı bebeği hemen evine götürmüş. Hanımı yapılması gerekli her şeyi hemen yapmış. Tabii küçük yer, köy bu haberle çalkalanmış o gün. Ertesi gün bir başkası nehirde iki bebek görmüş. O da tıpkı bir gün önceki arkadaşının yaptığı gibi suya atlamış ve bebekleri kurtarıp köye getirmiş. Üst üste iki gün karşılaşılan bu vaka tesadüf olabilir mi diye sormuşlar köylüler akşam köy odasında birbirlerine. Yarın nehrin kenarında gözetlemeye duralım kararı çıkmış yaptıkları toplantıdan. Ertesi gün nehrin kenarında nöbet bekleyen köylüler gördükleri manzara karşısında şaşırmış kalmışlar; çünkü dört bebekle karşılaşmışlar. Uzatmayalım; 8-16-32 her gün iki katı ile artan bebekler nehirden tabir-i caizse fışkırmaya başlamış. Köylüler bu duruma çare bulmak adına toplantı yapmışlar ve bebekleri kurtarmak için iyi yüzme bilenlerden bir kurtarma ekibi kurmuşlar. Fakat mesele kurtarma ekibi ile bitmemekteymiş. Asıl sorun kurtarıldıktan sonra başlamaktaymış. Sorun, bunların bakım ve görümünü kim ve nasıl yapacak sorusunun cevabında kilitliymiş.

Şöyle çözüm bulmuşlar önceleri; bebekleri ailelerin yanına vermişler. Sonraları her geçen gün kabaran sayı karşısında yurtlar-yuvalar kurmaya başlamışlar. Bebekler büyüyüp çocuk olunca eğitim-öğretim ihtiyaçları devreye girmiş. Bu defa kreşler, okullar, pansiyonlar açmışlar. Fakat hayat bütün hızıyla devam ediyormuş; çocuklar büyümüş, delikanlı, genç kız olmuş, derken olgunlaşmışlar ve hastaneden bankaya hayata ait her türlü ihtiyacı karşılamaya çalışmış köylüler ve bizim köy olmuş kocaman bir şehir.

Bu arada bebeklerin nehirden toplanma işi devam etmiş; çünkü bebeklerin ardı-arkası kesilmemiş. Nihayet bir gün köylüler bir toplantı yapıp "Problemin kaynağı ne? Bu bebekler nereden geliyor?" sorusunu sormuşlar kendilerine ve bir ekip oluşturup onları nehrin kaynağına doğru dualarla yola çıkarmışlar. Ekip nehir boyunca gitmiş ve büyük bir şehirle karşılaşmış. Meğerki o şehirde bir hükümdar varmış. Hükümdar halkına karşı Hz. Musa dönemindeki Firavun'u aratmayacak bir tutum içine girmiş. Yeni doğan bebeklere hakk-ı hayat tanımıyormuş. Doğan çocukları anne-babalarından zorla alıyor ve nehre salıyormuş. Ekip hemen köye dönmüş ve elde ettikleri sonucu köylülerle paylaşmış.

Köylüler, "Sorunun köküne inmek zorundayız, sorunun kaynağı zulüm; zulmün ilacı ise adalet." demişler ve zulme sebebiyet veren fakirlik, cahillik, ayırımcılık, eşitsizlik ve benzeri her türlü şeyle mücadeleye başlamışlar.

Size aktarırken aradaki boşlukları doldurmada benim de katkımın olduğu 'bir varmış, bir yokmuş' ile başlayan hikâye burada bitti. Gelelim bununla anlatılmak istenen asıl meseleye. Söz konusu hikâye Amerika'nın ilk başkenti Philadelphia'da geçen hafta yapılan bir konferansta dile getirildi. Konferansın ana başlığı "Dünya'da Dünya ile Birlikte Barışı Gerçekleştirme: Gülen Hareketinin Ekolojik Adaleti Sağlamadaki Rolü" idi. Bir gün süren konferansta Gülen hareketi ekolojik adalet ekseninde masaya yatırıldı. Hikâyeyi ise "kutsal yer olarak tabiat ve dinî barış'ın Fethullah Gülen düşüncesinde ve hizmet hareketinde geleceği" başlıklı tebliğ sunan Dr. Joseph Stautzenberger anlattı. Tahmin edeceğiniz gibi hikâyedeki köyü ve köylüleri Gülen Hareketi olarak niteledi Dr.Stautzenberger ve şöyle bağladı sözlerini: "Gülen hareketi yardımlaşma hareketi olarak başladı, global manada adaleti hedeflemiş olarak yoluna devam ediyor. Adalet ile sorunun köküne indi, inmeye çalışıyor, bir sivil toplum kuruluşu olarak imkânlar nispetinde yapabileceğini yapmaya devam ederken, yardımlaşma faaliyetlerini de hiçbir zaman unutmadı, unutmuyor."

"Kutsal yer olarak tabiat ve dinî barış'ın Fethullah Gülen düşüncesinde ve hizmet hareketinde geleceği" başlıklı tebliğ sunan Dr. Jon Pahl'ın yaptığı şu tespit en az birincisi kadar önemli ve dikkat çekiciydi. Bir itiraf manasını da taşıyan tespitiyle Pahl şöyle dedi: "Batı'da kutsal mekân anlayışı anıt, abide, heykel, kilise vb. somut, fiziki yapıya sahip eserlerle sınırlanıyor her nedense. Son zamanlarda buna 11 Eylül saldırılarında yıkılan ikiz kuleler de eklendi. Ama Gülen hareketinde kutsal, insan ve insana hizmet eden her şeydir. Bu yeri gelir hastane olur, okul olur, yeri gelir hastanede hastaya, okulda talebeye verilen hizmet olur."

Siz bu hikâye ve hikâye ile anlatılmak istenen mesajlara zihnen yoğunlaşadurun, ben bir başka fasla geçeyim. Yaklaşık bir ay önceydi. Hocaefendi ile öğle yemeği sonrası çok dar bir dairede üç-beş kişi ile otururken Türkiye gazetelerine hemen her gün konu olan isminden, ismiyle anılan hareketten, yapılan çalışmalardan ve bütün bunları merkeze alan müspet-menfî yaklaşım ve yorumlardan, hakkında yazılan kitaplardan söz açıldı. Kimilerini takdirle karşıladığını, kimilerini de önyargılarını bir türlü atamama, objektif bakış açısına sahip olamamalarından dolayı yadırgadığını söyledi. Keşke'lerle başlayan, keşke'lerle biten birçok temennilerde bulundu arka arkaya. Bir ara öyle bir cümle söyledi ki gerçeğin tam 12'den vuran bir tespitti. Dedi ki: "*Öyle bir konuma geldik ki bana söven de kazanıyor, takdir eden de!*"

İşte tam bu arada bir dede, duasını almak için kucağında torunu ile salona girdi. Hocaefendi çocuğu kucağına oturttu, dualar etti, çikolatalar verdi, bir-iki kare fotoğraf çekildi. Dede sevinçle salondan çıkarken Hocaefendi kaldığı yerden devam etti ama araya giren bu tatlı sürprizi de değerlendirerek "*İnsan geriye dönüp bakmayınca nerede olduğu, nerede durduğunun her an idrakinde olamıyor. Hepimiz daha dün aynen bunun gibi çocuktuk. Şimdi 70'ini aşmış, kabir kapısının önünde içeri girmek için bekleyen ihtiyarlarız. Nasıl oldu da bu hâle geldik birden? Zaman nasıl da ilerledi? Nasıl çarkları arasına aldı ve öğüttü bizleri? Madem insan ömrü bu kadar kısa, pekâlâ değer mi onca düşmanlığa? Değer mi onca ortak paydamıza rağmen birbirimizin kuyusunu kazmaya? Değer mi soruyorum size?*"

Salonda bulunanlar gayet içli bir ses tonu ile söylenen, acımanın, merhametin, muhabbetin bütün tonlarını hissedebileceğiniz bu sözler karşısında sadece sükût etti. Zaten cevap da istenmiyordu bu sorulara? Aksine bir dertleşmeydi. Ve şöyle bitirdi sözlerini: "*İnanın bana her gün yeni bir ürperti ile uyanıyorum. Çünkü her gün yeni bir hadise zuhur ediyor. Her gün karanlık kalmış noktalar aydınlığa kavuşuyor. Deyim yerindeyse hadiseler yumağın açılması gibi açılıyor ve karanlık perdelerin kalması, kapalı kapıların açılması ile dün "Oh!" diyenler bugün "Ah!" diyor; "Keşke bu kadar acûl davranmasaydık diyor; diyor ama nafile. Şimdi tekrar soruyorum; değer mi?*"

Orada sükût ettik, burada konuşalım; değmez; değmez ama değmediğini bilmeyenlere ne demeli onu tam kestiremiyorum. Şunu diyebilirim; başta gönüllüler camiasının kâinatı uhuvvet beşiği görerek bütün insanlığa yönelik yaptıkları faydalı çalışmalar "bir varmış bir yokmuş" örneklemeleri ile anlatıldığı gibi, onların Hocaefendi ve harekete yönelik bu tepkisel tutum ve davranışları da "bir varmış, bir yokmuş" diye anlatılacak. Hatta anlatılmaya başlandı bile!

NEREDE BU NAMAZIN HUŞÛ VE HUDÛSU

Şahsî dairede tanışıklık veya yazı ve konuşmaları ile yakından takip edenler bilir; Hocaefendi'nin değişmez gündem maddelerinden biri insanın Rabb'isi ile olan irtibatı ve bu irtibattaki seviyesidir. O, ister soru-cevap faslında, ister muhabbet ortamında açılan mevzularda bir girizgâh yakalamaya çalışır sözü oraya getirmek için. Çalışır demem aslında doğru bir tespit değil; bulur demem lazımdı çünkü mutlaka o girizgâhı bulur ve sözü bir kitabına da isim olan tabiriyle sohbet-i canan'a getirir.

Eskilerin cevab-ı hakîm dedikleri şeyin bir buudunun bu olduğuna inanıyorum ben. Tıpkı hâzık bir hekim gibi. Nasıl doktor hastasına, hastası istemese de ona onun ihtiyacı olan ilacı verir. Aynen öyle Hocaefendi de "Çok sık tekrar ettiğim gibi, başınızı bir kez daha ağrıtacağım ama meselenin ehemmiyeti" vs. gibi girizgâh cümleleri ile sözü asıl ihtiyacımız olan noktaya getirir.

Neden bu ısrar diyebilirsiniz? Benim bu soruya cevabım şu; Bedizzaman Hazretlerinin Hz. Eyyûb'un (aleyhisselâm) sabrını anlattığı yerde kullandığı teşbihle ifade edecek olursam, iç dışa, dış içe bir çevrilsek Rabbimizle irtibat mevzuunda çok ağır hasta olduğumuz için. Hatta içimizin dışa, dışımızın içe çevrilmesine gerek bile yok; çünkü istisnalar bir kenara İslâm dünyası olarak yoğun bakımlık halimiz meydanda ve bu manzara hakikat ehline bütün netliği ile ayân.

Hocaefendi'nin bir başka vesile ile dile getirdiği yaklaşımları içinde, çoklarımız "kültür Müslümanı" tanımlamasına hak verdirecek ölçüde ibadetlerimizi ihtifale çevirmiş durumdayız. Belki de ibadeti gerçek mana ve muhtevasıyla hiç görmüş, duymuş, yaşamış değiliz.

Sözü uzatmaya gerek yok, Kur'ân "Namaz fuhşiyâttan ve münkerâttan insanları alıkoyar." diyerek gerçek namazın hâricî âlemdeki tezahürünü nazara veriyor. Hâlbuki bugün fuhşiyât ve münkerâtı irtikâb eden yüzlerce, binlerce namaz kılan Müslüman var. Hâşâ ve kellâ Allah hilâf-ı vaki beyanda bulunmayacağına ve kılınan namazlar da bazı Müslümanları fuhşiyât ve münkerâttan alıkoymadığına göre demek ki o kılınan namazlar hakiki manada namaz değil. Olsaydı fuhşiyât ve münkerâtın esamisi bile okunmazdı şahsî ve içtimaî hayatımızda.

İşte yine bu çerçevede muhabbetin yapıldığı bir ortamdaydık. Latife sayılabilecek bir tespitle söze başladı: "*Şimdi bir şey diyeceğim; bunu zâhirî manasıyla alsalar herhalde manşetlere taşırlar ve derler ki: Fethullah Hoca namaz kılmayın dedi. Evet, öyle diyorum, namaz kılmamalı ama namazı ikame etmeli.*" Sonra devam etti; "*Kur'ân bir tek yerde bile* صَلُّوا الصَّلَاةَ veya يُصَلُّونَ الصَّلَاةَ *yani "Namaz kılın, namazlarını kılarlar." demiyor. Aksine her yerde* أَقِيمُوا الصَّلَاةَ يُقِيمُونَ الصَّلَاةَ وَاِذَا قَامُوا اِلَي الصَّلَاةِ وَاِذَا قَضَيْتُمُ الصَّلَاةَ *yani "Namazı ikame edin, namazlarını ikame ederler, namazı ikame için kalktıklarında, namazı ikameden sonra" buyuruyor. Unutmayın namaz, imanın dışa vurumudur.*"

Ne zaman namaz ile alâkalı mevzu açılsa Hocaefendi'nin tarif ettiği veçhesiyle namazı ikame etmeye muvaffak olamayanlar, başta bu satırların yazarı olmak üzere mahcubiyetlerinden yüzlerini yere çevirir, derin düşüncelere dalar ve ihtimal namaz vesilesi ile gerçekleştirdikleri Rabbe yönelişlerini muhasebe ve murakabe etmeye başlarlar. Hakiki namaza ve hakikat-ı namaza erişme özlemini içten içe duyarlar. Ben çevreme bakmadım ama belki de herkes öyle yaptı ya da o derinlerden derin, incelerden ince hissiyatı ile hâzirûnun kalb ve gönüllerinde bir ümitsizlik hissetti ki Hocaefendi hemen sözün yönünü değiştirdi ve "ama" dedi, ilavede bulundu: "*Rabbe yöneliş ve yönelişteki merâtibi hafife almamalı. Mızraklı İlmihal seviyesindeki bilgilerle dahi olsa Rabbine yönelen herkesi takdirle karşılamalı. Çünkü her insan kendisine telkin edildiği ölçüde namazını kılarsa, bu onun için mağfirete vesile olabilir.*"

Bu sözler salonda yüzünü yere eğip muhasebe ve murakabesini yapanları kısmen de olsa rahatlatmıştır diye düşünüyorsanız yanılıyorsunuz. Çünkü Hocaefendi hemen akabinde ki sözleriyle çıtayı yine yükseltti. Bir "ama" daha diyerek sanki istisnadan bir başka istisnaya geçti. "*Ama asıl mesele orada kalmama, bir adım, iki adım ileri gitmedir. Evet, Mızraklı İlmihal'de anlatıldığı gibi namazda ilk mertebe, namazın içinden ve dışından denilen şartları yerine getirerek namazın ikâme edilmesidir. Allah'ın evvel emirde istediği budur. Fakat onun bir adım sonrası, bir öte mertebesi, namazda namaz erkânının ifade ettiği manaları düşünme ve namazı bu mülahazalar üzerine ikâme etmektir. İsterseniz buna namazda fani olma diyebilirsiniz. Bir sonraki mertebe Hz. Ebu Bekir'lerin, Hz. Ömer'lerin namazı. Onları anlamakta zorlanırız biz.*"

Kısa bir sessizlik oldu salonda. "Zorlanırız biz " son duyduğumuz kelimelerdi. Başımı kaldırıp baktığımda Hocaefendi'nin çoğu zaman olduğu gibi his deryalarına kendini salmış, hıçkırıklarını tutmaya çalıştığına şahit oldum. Bir dakikaya yakın devam eden bu manzara, salonda bulunan bazılarının da kendini salmasına vesile olmuştu. Sonra Hocaefendi şu cümlelerle devam etti: "*Ve nihayet Peygamberlerin namaz ufku.*" Noktayı koydu

Hocaefendi dedim; dedim ama son cümlesi koymadığını gösteriyordu. Sözün başlangıcına döndü ve "*Bu istikamette mertebeler kat ettikten sonra, bir önceki mertebedekileri ya da hâlâ mebdede kalanları hafife almamalıdır.*" Mebde dediği verdiği örnek içinde Mızraklı İlmihal seviyesinde namazı ikame edenler.

Sonra ne mi oldu? Hocaefendi muhataplarının hem gönlüne hem de aklına hitap ettiği bu muhabbette ibreyi akla doğru çevirdi ve tatlı-sert bir ses tonu ile: "*Rica ederim! Döşekte döşeğin, sofrada yemeğin hakkını verenler neden namazda namazın hakkını vermezler? Yarın ahirette insana demezler mi, bu senin namazın.Âmennâ.. Ama bu namazın huşû ve hudûu nerede?*"

Bu sözler muhasebe ve murakabede ayrı bir kapı açmıştı hepimiz için. Belki çokları hayalen ahirete intikal etmiş, böyle bir soru ile karşılaştığında ne cevap vereceğini düşünüyordu ki Hocaefendi sözlerini tamamlamaya durdu: "*Evet! İnsan müntehaya, zılliyet planında dahi olsa sahabenin namazına, peygamberlerin namazına talip olmalı. Çıtayı adım be adım yükseltmeli. Muhabbetullah demeli başlamalı, zevk-i ruhani demeli devam etmeli ve mete'l-likâ/vuslat ne zaman diyecek noktaya kadar gelmeli. O'na kavuşmak için ocaklar gibi cayır cayır yanmalı; yanmalı ama "Gel!" emri gelinceye kadar da burada sabırla beklemeli. Aslında mü'minin dilemmasıdır bu.*"

Baktım Hocaefendi tekrar gözyaşlarını silmeye durmuştu. Bir taraftan Allah'a kavuşma isteği, diğer taraftan kavuşma anını belirleme yetkisinin kendisinde olmayışıydı onu ağlatan. Te'vile, tefsire gerek yoktu bunu anlamak için. Tam manasıyla neler düşündü, neler düşünüyordu bilemiyorum ama tahmin etmek de alabildiğine kolay.

Son söz Hocaefendinin; "*Hâsılı, namazı hayatının en zevkli ameli olarak eda etmeli. Ardından nerede benim namazım, nerede hakiki namaz demeli ve şunu unutmamalı; erkânına riayet edilerek kılınan bütün namazların hepsi nezd-i ulûhiyette makbuldür.*"

YALAN YALANN YALANNN

Yıllar önceydi. Hocafendinin bir sohbetini dinliyordum. Mevzu yalan ve yalanın dindeki yeriydi. Hocaefendi sanki kitaptan konuşuyordu. Tabii ki yaptığı sohbette önünde kitap olmadığını görüyordum ama sohbeti bir bütün hâlinde değerlendirdiğimde hiçbir boşluğa düşmeden peşi peşine âyet ve hadisleri sıralaması, müfessir ve hadis şârihlerinin yaptıkları yorumları anlatması ve nihayet kendi yorumlarını mantıkîlik örgüsü ve akıcı bir üslup içinde dile getirmesi bende o hissi uyandırmıştı.

Su hadisi anlatışını hiç unutmuyorum; bir gün Efendimiz (sallallahu aleyhi ve sellem) size büyük günahlardan haber vereyim mi diye sormuş ve bu soru ile ashabının dikkatini vereceği mesaj üzerine yoğunlaştırmıştı. "Evet" cevabını aldıktan sonra da "Allah'a şirk koşmak, anne-babaya âsî olmak ve yalancı şahitlik." diyerek hakikate kapı aralamıştı. Yalnız üçüncü olarak söylediği yalancı şahitliğe sıra gelince, Efendimiz dizlerinin üzerine doğrulmuş ve defalarca "Dikkat edin! Yalancı şahitlik. Dikkat edin! Yalancı şahitlik." demiş ve sahabe, Efendimiz'in duyduğu ızdırap karşısında "Keşke sussa!" temennisinde bile bulunmuştu.

İşte Hocaefendi bu bölümü anlatırken hadis kitaplarında tarif edildiği şekliyle koltuğunda otururken birden bütün azamet ve heybetiyle dizlerinin üzerine doğrulmuş ve hepimizde ürperti hâsıl eden o hareketi defalarca tekrar ederek "Dikkat edin! Yalancı şahitlik." demişti defalarca. Biz bu anlatımla hadisenin taklidinden çok etkilenmiştik ama asıl etkiyi sahabenin "Keşke sussa!" temennisini de nazara alarak siz zihinlerinizde canlandırmaya çalışın.

Aradan yıllar geçti. Yine huzurda, huzur meclisinde, huzur peşindeydik. Mevzu döndü dolaştı yine yalana geldi. Bu defa yalana karşı gevşekliğimiz konu ediliyordu. Âyet ve hadisler sohbetin her zaman olduğu gibi ana mihverini oluşturuyordu. Bir ara sözü öyle bir noktaya getirdi ki Hocaefendi, şaşırıp kalmıştım. Şok olmuştum. Nasıl şok olmam ki "*Eğer bu ruh haletini taşımıyor; yol ayrımına geldiğinde canını Peygambere feda edemeyeceksen bu da yalan.*" demiş ve ses tonunu sertleştirerek yalan kelimesine defalarca vurgu yapmış,"*Yalan, yalannn, yalannnn*" diye sözlerini tamamlamıştı.

Örnek olarak verdiği şey, o günlerde iştihar etmiş olan ve bu sebeple hepimizin dilinde pelesenk olan bir ilâhîydi. İlâhînin adı "Peygamberin İzindeyiz." Radyolarda, TV'lerde, dinî programlarda çevire çevire söylenen o ilâhî şöyle başlıyordu: "Biz Kur'ân'ın hadimleri/Pür imanlı ve zindeyiz/Bu yoldan dönmeyiz asla/Peygamberin izindeyiz." Dahası var; "Hak Habibim dedi ona/ Bizden feda can uğruna/Âlem şahit olsun buna/Peygamberin izindeyiz." Hocaefendi örneği verirken yanlış hatırlamıyorsam bu iki kıtayı okudu ve yukarıda dediğim gibi "*Uğruna can feda deyip, can verme kıvamını taşımayan, o sözün eri olmayan ve gerçekten can verilme aşamasına gelindiğinde canını rahatlıkla vermeyecek olan bir insan bunu diyorsa, yalan, yalann, yalannn...*"demişti.

Aradan yine yıllar geçti. Yine huzurda, hayatımın en tatlı anlarını teşkil eden huzur saatlerini yaşıyordum. Saatin kaç olduğunu sordu, sabah-akşam yıllardır beraber olduğu birisine. O da rakamı yuvarlayarak söyledi. Geçmiş gün unuttum, mesela saat üçe üç dakika varsa, üç: üçü yedi geçiyorsa, üçü on geçiyor dedi. Hocaefendi'yi bir görecektiniz; İslâmi kitaplarda yapılan yalan tarifine yani görmediği bir şeyi gördüm, duymadığı bir şeyi duydum diye konuşan, ifade eden, ifade veren bir insana karşı alınması beklenen tavır gibi tavır aldı ve "Yalannnnnn..." dedi. Bu çıkış karşısında yukarıda verdiğim iki örnekten daha fazla şaşırmış, derinlerden derin bir şok geçirmiştim. Çünkü hepimizin her gün yaptığı ve yaparken yalanı hiç aklına getirmediği sıradan bir işti bu. Saati dakika ve saniyesine dikkat ederek değil de, yuvarlayarak söylemeyi kim yapmıyordu ki? Ama Hocaefendi "Hayır!" dedi. İlm-i İlâhîye aykırı, hakikate muhalif bir söz söylüyorsunuz. Saat şu an üçü yedi geçiyor, öyleyse buna muhalif beyanda bulunmayacak ve gerçek dakikayı, hatta saniyeyi söyleyeceksiniz."

Aradan yıllar geçti; geçen hafta yine huzurda oturuyordum Türkiye'den de birkaç misafir gelmişti. "Hoş geldiniz" dedi yıllardan beri şahsen tanıdığı misafirlerden birisine. Ardından "Nasılsınız, iyi misiniz?" diye hâl hatır sordu. Sordu ama cevabı beklemeden anında bir refleksle sözü geri aldı ve devam etti "*Aslında âdet olmuş nasılsınız, iyi misiniz, demek. Buna verilen cevap da genelde aynı. İyiyim, siz nasılsınız? İyi ama iyi olmadığı hâlde iyiyim demek yalan değil mi?*"

Yukarıdaki örneklerden hareketle yalan konusundaki hassasiyetini bildiğim için içimden "Muhabbet yalan ekseninde akıp gidecek." dedim ve pusuya yatmış bir avcı gibi çıkacak sözleri beklemeye koyuldum. "Gerçi" dedi ve ilave etti; "*Sadece bizim kültürde yok; Araplarda da var bu. Keyfe'l-hâl?" diyorlar. Halin nasıl demek. Bence keyfe'l-hâl değil, keyfe'l- meâd?" demek lazım? Yani akıbetin nasıl?*"

Hani her zeminde bir fırsat bulup sözü sohbet-i Cânân'a getirme var ya, işte yine böyle bir manzaraya şahit oluyorduk.

Hocaefendi nasılsınız, iyi misinizden başlamış, sözü dünyevî ve uhrevî akıbete doğru birden kaydırıvermişti. "*Ben bana nasılsınız diyenlere iyiyim demiyorum. Çünkü gerçekten iyi bir insan değilim. Sonra düşünüyorum, iyi misiniz sorusu dünyevî sağlık, sıhhat ve afiyet noktasında soruluyor. Bu defa iyiyim desem yalan olacak, çünkü iyi değilim. Birçok sağlık sorunları ile boğuşuyorum. Kötüyüm desem Allah'a karşı şikâyet olacak. Bu da kul olan, kulluğunun şuurunda bulunan bir insanın söylememesi gereken bir söz.*"

Sonra sustu, kısa bir sessizlik oldu. Benim tahminin bu durumda hem yalan hem de şikâyet olmayacak cümleyi zihninde aramaya koyulmuştu ki salonda bulunanlardan birisi devreye girdi ve mevzu ile alâkalı eski bir hatırasını nakletti. Hocaefendi'ye bir bayram ziyareti esnasında sormuşlar; nasılsınız diye. Hocaefendi demiş ki "*İyiyim desem yalan olur; kötüyüm desem şikâyet olur. Kötü değilim diyen insan kurtulur.*" Kurtulur demek yalan ve şikâyet olmaması itibariyle. Dinledi bu hatırayı ve bir ilavesiyle kabul etti; "*Şimdilerde çok kelimesini ilave edelim; çok kötü değilim.*"

Yalanın lafz-ı kâfir olduğunu, münafıklık alameti olduğunu biliyoruz; biliyoruz ama bu ölçüdeki bir hassasiyetle hayatımızda yalana yer vermemeye özen gösteriyor muyuz acaba? Evet, hayır, belki? Hangisi? Evet mi, hayır mı, belki mi? Ve neden? Muhasebe yapmaya ne dersiniz?

ŞİKÂYETÇİ OLMAYACAĞIM!

İnandığı dinî esaslara sonuna kadar bağlı olmasına rağmen insanî kimliği dinî, ırkî, cinsî ve mezhebî her türlü kimliğin önüne çıkartan bir anlayışın sahibi.

Aslında onun gibi âlim ve din adamı özellikleri ile ön planda olan, bir başka ifadeyle adı anıldığı zaman neredeyse bütün dünya kamuoyunda ilk defa bu özellikleri akla gelen bir insandan beklenen, dinî kimliği her şeyden çok önemsemesidir. Tarihî süreçte birçok din adamı böyle yapmıştır çünkü. Ümmet anlayışını her şeyin ötesinde ve önünde görmüşler, onu şemsiye kimlik olarak benimsemişler ve siyasetten ticarete gerçekleştirdikleri bütün birlikteliklerde bu zihniyeti esas almışlardır. Resmî ve gayri resmî sahalarda bahse medar gerçekleşen kuruluşların altında yatan zihniyet budur. Burada açık-seçik isimler vermek, yâre ve ağyara dokunabilir.

İnsanı bu kadar önemseyen, "*İnsanla başlayan problem, insanla biter. İnsanda başlayan problem insanda biter.*" diyen ve başkaları ile işbirliğinde, global sorunların kısa veya uzun vadede çözümünde hep insan diyen bu kişiyi anlamama, anlamamada ısrarcı olma, aslında ona değil insana yapılan bir hakarettir. O,

"Önce insan sonra Müslümanım." derken; o, insanın maddî-manevî yaratılış ve yaratılıştaki mükemmelliğinden hareketle "*İnsan, Allah'ın en mükemmel varlığıdır. Eğer Allah kendisinden başkasına secde yapılması için izin verseydi, insana secde edilirdi.*" derken; o "*Bizim inancımıza göre insan takdis edilecek varlıktır.*" derken, ona düşmanlık yapanların bunlara gözünü kapaması, kulağını tıkaması ancak önyargıyla, şartlanmışlıkla, düşmanlıkla izah edilir.

İşte yine insan ve düşmanlıklar ekseninde konuların daldan dala, fasıldan fasıla atlanarak konuşulduğu bir ortamdaydık. Kendisinin, kendisi ile birlikte olan gönüllülerin anlaşılmamasından, bundan duyduğu vicdanî rahatsızlıktan bahsediyordu. Çektiği maddî-manevî sıkıntı ve ızdıraplardan dem vurdu. Bütün bunlar karşısında beddua etmeyi hiç düşünmediğini anlattı. "Çünkü" dedi, "*Benim inancıma göre, beddua edilen o bedduaya istihkak kesbetmemişse, beddua bedduayı yapan kişiye döner.*" Ardından yürekleri kavuran bir tonla ekledi: "*Ama 50 senedir rahat bırakılmadım. Hep balyoz altında yaşadım. Endişe edilecek bir şey yapmadım. Bu millete hizmetten başka bir şey düşünmedim. Bu uğurda dünyevî zevk ve sefayı, bırakın terk etmeyi, aklıma bile getirmedim. Fakat hiç peşimi bırakmadılar.*" Sonra durdu ve kararlı olduğu her halinden belli bir edayla, "*Ama bütün bunlara rağmen hiç kimseden şikâyetçi olmayacağım. 40-50 senedir her fırsatta eline kalemi alıp aleyhimde yazanlardan bile şikâyetçi olmayacağım.*" dedi.

Şahsen ben şaşırmadım bu çıkışa. Şahsına bakan yönüyle, "*Belki ben kendimi tam manasıyla ifade edemedim, etseydim, edebilseydim belki böyle düşünmeyecek, hasmane duygular beslemeyecek, düşmanca tavırlar sergilemeyeceklerdi.*" diyen ve suçu sürekli kendi üzerine alan bir zihniyetin sahibinden, başka bir şey bekleyemezsiniz zaten.

Burada akla şu sorular gelebilir; haksız saldırılara karşı mukabele-i bi'l-misil kaidesi nerede kaldı? "Haksızlıklar karşısında susan dilsiz şeytandır." hadisine ne diyeceksiniz? Meşru müdafaa yapılması bir hak değil mi? "En büyük cihad, zalim sultan karşısında hakkı haykırmaktır." hadisine göre muamele edilmeli değil mi? Bu tarz bir yaklaşımın Hıristiyanlıktaki "Bir yanağına tokat vurana öteki yanağını da çevir." felsefesinden farkı ne?

Öncelikle o, "Şikâyetçi olmayacağım." dediği kişiler ve onların davranışları ile alâkalı olarak şunu söyler ki, bu düşünce yukarıdaki soruların tamamının cevabı sayılabilir: "*Ben şahsen onlara hakkımı helal ederim ama Allah hakkına, amme hukukuna tecavüz söz konusuysa, Allah affeder mi onu bilemem.*" Bu bir.

İki; insan, Allah'ın mahlûku ve yaratılanların en güzeli, en mükemmeli olması itibarıyla takdire, sevgiye, saygıya layıktır ama onda Allah'ın "Hayır!" dediği vasıflar varsa, peş peşe sorulan sorulardaki ilkeler, prensipler devreye girer.

Şöyle diyor o zat: "*Bizim tavrımız, temerrüde, tecavüze, zulme, bağye karşıdır. Yani vasıflaradır. Bazı şahıslar bu vasıflarla ittisaf ettiğinden dolayı şahsa karşı tavır alabiliyoruz.*" Bununla beraber amme hukukuna, binlerin-milyonların alın terlerine, gözyaşlarına, sadece Allah rızası deyip ortaya koydukları çalışmalara tecavüz yoksa şikâyetçi olmayacağım diyerek vicdan enginliğini ortaya koyuyor. Biz bunu, sözü edilen seviyede vicdan enginliğine sahip değilsek anlamakta ve kabullenmekte zorlanabiliriz.

Pekâlâ, üzülmüyor mu bu duruma? Üzülmez olur mu? Hem de çok üzülüyor. Kendi adına üzülüyor; kendimizi anlatamadık; anlatabilseydik bu yollara tevessül etmeyeceklerdi belki, diyor. Biz mi sebebiyet veriyoruz onların bu tutumuna diye içi içini yiyor.

Dost camia adına üzülüyor; bu kişilerin ürettiği tezvirat kabilinden yalan-yanlış bilgilerle hizmete mesafeli duranlara üzülüyor. Kendilerini karşıt cephede görenlere üzülüyor.

Vehim, hayal, vesvese, ideoloji, önyargıların kurbanı olup sergiledikleri düşmanca tavırlarla dünyevî ve uhrevî sonucu hiç de iyi olmayan kulvarda mesafe kat edenlere üzülüyor. Bütün bunların tabii neticesi olarak ortaya çıkan mücadele ortamına, o ortamda kaybedilen zamana, boşa harcanan enerjiye, bir hiç uğruna ölüp giden heyecan ve helecanlara üzülüyor.

Evet üzülüyor ama sonra da kendini şöyle teskin ediyor: "*Allah'ın benim hakkımdaki takdiri, benim kendi hakkımdaki takdirden daha iyi olduğu için ben hiçbir takdirde bulunmuyorum. Aslında O'nun takdiri insan için en büyük armağandır. Onun için kendimi hiç hesaba almıyorum. Zaten insan bu herc ü merc, bu çağlayan içinde kendisini hesaba katmazsa, mutlaka güzel bir yere ulaşır. Kaldı ki benim için en güzel yer, öteler ötesi. Ama kulsun, hakkındaki takdire razı olmak zorundasın ve öteler ötesini arzulamana rağmen isteyemiyorsun.*"

Dıştan bakıldığında çok karmaşık gibi gelebilir insana. Duygularla düşüncelerin, ilke ve prensiplerle onlara getirilen şahsî ve içtimaî yorumların çarpıştığı bir arena olarak görebilirsiniz bu yazıda tasviri yapılan zihin harmanını. Özellikle ellerinden geleni arkalarına koymayan ve kendilerini hasım cephe görenler için söylenenleri yukarıda ifade ettiğim gibi anlamakta zorlanabiliriz. Eğer zorlanıyorsanız, vicdan enginliği imdadınıza yetişsin.

Kimden mi bahsediyorum? "*Hizmet böyle inkişaf etseydi de ben Edirne'deki cami penceresinde kalsaydım; Kestanepazarı'ndaki tahta kulübemde hayatıma devam etseydim.*" diyen, "*O basit, o sade hayat benim burnumun ucunda tütüyor.*" diyen Fethullah Gülen Hocaefendi'den.

YANDIKÇA YANDIM, BİR SU VER

"Bak şu gedanın haline / Bende olmuş zülfün teline / Parmağım aşkın balına / Bandıkça bandım, bir su ver!

Ey sâkî, aşkın oduna yandıkça yandım, bir su ver; / Parmağım aşkın balına bandıkça bandım, bir su ver!"

Gedâî zor söylenen bu özlü ve içli mısralarla aşk-ı mecaziyi mi hakikiyi mi kastetti bilmiyorum ama Hocaefendi'nin bu mısraları tekrar ederken aşk-ı hakikiyi murad ettiğinde hiç şüphe yok. Şahsî gözlemime göre Gedâî'nin bu kıtasını okuduğu an, tebessümü dahi neredeyse kendisine haram etmişti diyebilirim. Oldukça mükedder ve mağmum bir ruh haleti içindeydi.

Bu metafor içinde su bir şeyi temsil ediyor. Başka bir dille teşbih unsuru olarak kullanılıyor su. Gedâî bununla ihtimal aşkına karşılık bekliyor sevgilisinden. Kalbindeki aşk hararetini söndürecek, giriftar olduğu aşk belasından kendini rahatlatacak, dünya hayatında kendini mutlu, mesut ve bahtiyar edecek ölçüde bir karşılık. Pekâlâ, Hocaefendi'nin terennümü içinde su neyi temsil ediyor, o su ile neyi kastediyordu acaba?

Bu sorunun doğru cevabını elbette kendisi bilir. Ama sohbete, sohbette sözün cereyan ve deveran ettiği alana şahit kişiler bir okuma denemesinde bulunabilir. Arapçada bir deyim "Şiirin manası şairin karnındadır." der. Karnında'yı herhalde aklında manasına almalıyız. Onun için kendisi bilir dedik. Bizim yapacağımız okuma denemesine gelince yanılmış olabiliriz. Bu muhtemel yanlışı baştan kabullendikten sonra gelelim ortam tasviri ve sözün siyak-sibakı içindeki okuma denemesine.

"*Vicdanın sınırı var mı?*" dedi salonda bulunan bir doktora önce. Cevap istenmeyen bir soruydu aslında bu. Etten-kemikten, elle tutulur gözle görülür müşahhas bir varlığa sahip olmayan vicdanın sınırı mı olur? Elbette olmaz ama bunun söze girizgâh olduğunu anlamak için ârif olmaya gerek yok. Bu, biraz sonra söyleyeceği sözlere zihinleri hazır etmek için güzergâh oluşturma adına sorulmuş bir soru.

Tahmin edildiği gibi de oldu; soruya cevap beklemediği için söze devam etti ve "*Müslümanların işlerine ihtimam etmeyen onlardan değildir.*" hadisini zikretti. İhtimam, kaygılanma, üzülme, önemseme, umursama demek. Daha geniş perspektiften mana verecek olursak, Müslümanların maslahatlarını gözetme, zararlarını defetme demek. "*Etrafıma bakıyorum da, dünya genelinde Müslümanlar aleyhine oynanan entrikalar karşısında gerçekten üzülen bir insana rastlamıyorum. Birileri asırlardır devam eden "bölme, parçalama ve yok etme" oyunlarını bugün de sahneye koyuyorlar. Koskoca Osmanlı'ya uyguladıkları planları başka ülkeler için de uyguluyorlar. Yeraltı-yerüstü zenginliklerini sömürmek için bir milleti içten içe parçalıyor, birbirlerine düşman ediyorlar. Ne yazık ki ben gözler önünde cereyan eden bu cigersûz hadiseler karşısında yana yakıla üzülen bir insan göremiyorum. Çevremde göremediğim gibi daha geniş dairelerde de olduğu kanaatinde değilim.*"

İşin aslına bakılırsa hepimize "Hadiseler karşısında neredesiniz?" diye haykıran bir yaklaşım bu. Nefis muhasebe ve murakabesi yapmamız için yüzümüze inen bir şamar belki de. Dar manada Müslümanlığın, en geniş manada ise insanlığın derdi ile dertlenme adına yerimizi gösteren bir ölçü en azından.

Bu fasıl bir kenara, dertli insan elindeki kırık mızrabı ile sazına vurup akıl ve gönüllerimize yönelik hitabına devam etti. "Hâlbuki" dedi, "*Bütün bu olup bitenleri görüyor ve insan hâlâ üzülmüyorsa, o insanlığından çok şeyler kaybetmiştir. Ne güzel der M. Akif: "Irzımızdır çiğnenen, evladımızdır doğranan.*"

Şöyle düşünüyorum, dünyaya onun gözüyle bakmayan/bakamayan, hadiseleri o perspektiften yorumlamayan/yorumlayamayan, global gerçekleri nazara alarak zamanın ruhunu kavramayan/kavrayamayan ve hepsinden önemlisi "Ateş önce beni, sonra düştüğü yeri yakar." diyecek ölçüde bir ruh ve vicdan enginliğine sahip olmayan/olamayan bir insanın, gözler önünde cereyan etse de işaret edilen entrika dolu hadiseleri ne anlaması, ne yorumlaması, ne de dertlenmesi mümkündür. Bu sebeple dedim, bu sözler yüzümüze inen bir şamar, muhasebe adına bir ölçü diye.

Burada çok önemli bir ikilem göze çarpıyor. Hadis açık, seçik ve net; Müslümanların işlerine ihtimam göstermeme, Müslümanı Müslümanlardan uzaklaştıran bir olgu. Te'vil ve tefsir istemeyen bir peygamber beyanı bu. Ama belki de ihtimam gösteriyorlardır da biz bilmiyor, biz görmüyoruzdur. O zaman bu yaklaşım Müslümana karşı suizan değil midir? Suizan da Kur'ân'ın nehyiyle haram hükmünü almamış mıdır? Kaldı ki "Etrafıma bakıyorum da..." dediği, "Görmüyorum." diyerek vurguladığı kişiler, canlarını dişlerine takmış, nice fedakârlıklarla insanlık adına çalışanlar değil mi?

Önce sorunun adını koyalım, gerçekten bu bir ikilem mi yoksa mevcudun tespiti ve bu tespitin dillendirilmesi mi? Bana sorarsanız ikincisi. Ama Hocaefendi bunu ikilem olarak görüyor. Eğer Hocaefendi dertsizlik ve kaygısızlığı dile getirme ile suizan arasında bir dilemma içinde olduğunu söylemese, şahsen benim, bu türlü bir analiz yapmam ve zikredildiği çizgide bir sonuca ulaşmam mümkün değil? Hani "Aklımın köşesine dahi gelmez." denir ya Türkçemizde; aynen öyle.

Madem Hocaefendi dile getirdi bu ikilemi, pekâlâ nasıl aşıyor bunu diye sorabilirsiniz. Açık konuşacağım; söz konusu ikilemi aşma adına iki şey söyledi Hocaefendi; ama ben söylenenlerden tatmin olmadım. "Tekellüflü te'vil" dediğimiz türden çok zorlamalı buldum yaptığı yorumu. Bizim halimizi hüsnüzanna havale etmek için iradesini zorladığı kanaati hâsıl oldu bende. Halimiz, her şeye nigehbân olan Allah'a ayan; te'vil ve tefsire lüzum yok ki? Biz Hocaefendi'nin dertlendiği, sözleri ile işaret ettiği, beyan buyurduğu ölçüde dertli değiliz ki bu ve benzeri mevzularda.

Yalnız yanlış anlaşılmalara medar olmaması için hemen ifade edeyim; Hocaefendi'nin bu tutumu bende ona karşı hem ayrı bir takdir hissinin uyanmasına sebep oldu, hem de bununla başkalarına bakarken, onların tavır ve davranışlarının değerlendirirken nasıl bakmam, nasıl değerlendirmem gerektiğine dair ayrı bir ölçü edindim. Anlatayım, bakalım sizler de bu yorumuma katılacak mısınız?

İkilemi aşmak için iki yorum ortaya koydu Hocaefendi demiştim: "*Birincisi dedi, ihtimal arkadaşlarım "Dertliyim dersen belayı dertten âh eyleme/Âh edip dertsizleri derdinden âgâh eyleme" çizgisinde hayat sürdürüyor ve immune/bağışıklık sistemleri güçlü olduğu için dışarıya bir şey sızdırmıyor olabilirler.*

İkincisi ise "Bil illeti kıl müdâvâta sonra tasaddi/Her merhemi her yareye derman mı sanırsın?!" sırrınca yaşadığımız türden problemleri zaten biliyorlar, çoktan teşhis etmiş ve tedavi çareleri peşindedirler. Onun için bunlarla çok meşgul olmuyor, bunların çözümü adına çalışmalarına devam ediyorlar. Ben arkadaşlarımızı böyle görüyorum. Yani dertli ama dertli görünmeyerek bütün güçleri ile dertlerin dermanına koşuyorlar diyor ve haklarında hüsnüzan ediyorum."

Son söz; son söz dedim ama son sözü söyleyecek ben değil, sizsiniz? Evet neredeyiz? Hüsnüzan edilen cephede mi yoksa benim "Cevap beni tatmin etmedi." diye işaret ettiğim kayıtsız, dertsiz, üzüntüsüz, umursamazlar cânibinde mi?

ŞAHS-I MANEVİ

Bu sütunun daimi okuyucularının bildiği gibi yine Hocaefendi'yi onun bir ders halkasında verdiği mesajları merkeze alarak okuma ve anlama çabası içinde bulunacağız. Bir başka ifadeyle sesli düşüneceğiz.

Şahs-ı manevî, günümüz Türkçesinde tam anlamıyla karşılamasa da tüzel kişilik ya da o tüzel kişiliğin taşımış olduğu ruh, mana, misyon olarak izah edilebilir. Bu manada bir tüzel kişiliğin olması için resmî veya gayri resmî bir birliktelik şart. Şirket, cemaat, cemiyet, toplum vs. türü kuruluşlar olmalı ki şahs-ı manevîden söz edebilelim.

Dinî bir kavram olması sebebiyle, şahs-ı manevî dendiğinde ilk defa akıllarda çağrışım yapan dinî cemaatler oluyor. Dinî cemaat yerine dinî değerleri önceleyen, misyon ve vizyonunda dine ağırlıklı yer veren küçük veya büyük çaplı topluluklar da diyebiliriz. Bu şu açıdan önemli; Müslüman zihin, şahs-ı manevînin müzakereye açıldığı her yerde meseleye bu zaviyeden bakar. Yapılan konuşmalarda sözün eksenini bu ön kabul oluşturur.

Geçenlerde Elmalılı tefsirinin mütalaa ve müzakere edildiği bir zeminde kendimi buldum. Konu şahs-ı manevîye geldi.

"*En önemli şahsi manevî, cemaat-i İslâmiyedir.*" dedi. Bir başka ifadeyle ümmet demek bu. Ümmet için şahs-ı manevî tabirinin kullanılması her ne kadar lügat ve muhteva açısından doğru olsa da gelenek açısından başkalarında çok örneğini görmediğim bir kullanım oldu. En azından benim için bu böyleydi. Sonra devam etti: "*Ama cemaat-i İslâmiye içinde alt grup sayılan cemaatlerin her birinin ayrı ayrı şahs-ı manevîleri vardır.*"

Burada akla bir soru geliyor; bu cemaatler arasında Hakkın kabulü açısından faikıyet yani üstünlük söz konusu mudur? Cevap çok net: "Tabii ki söz konusudur ama bunu sadece Allah bilir." Yine bir soru; "Allah bilir ama bunun adına ölçüler, kıstaslar verilemez mi? O mertebeye ulaşmak için gerekli olan özelliklerden söz edilemez mi?"

"Evet" dedi Hocaefendi ve peşi peşine bu ölçüleri, aranılan özellikleri sıralamaya başladı. "*Başka değil sadece en önemli gayeyi gerçekleştirmek için yani Allah'ın yüce adının bayraklaşması istikametinde bir araya gelmeleri. Şu işim olmayınca kıyamet kopmaz ama yeryüzünde Allah'ın adının anılmayışı hadisin ifadesiyle kıyametin kopuş nedeni deyip, dava şuuru ile meseleye sahip çıkmaları. Bakın âyette "Siz insanlar içinden çıkartılmış hayırlı bir ümmetsiniz." diyor ardından adeta bunu iyiliği emretme, kötülükten insanları sakındırma şartına bağlıyor.*

İkincisi; bu heyeti teşkil eden fertlerin dünyevî ve şahsi arzularından, heveslerinden, beklentilerinden sıyrılmaları ve O'nun rızasından başka hiçbir şeyin peşinde koşmamaları. Eğer ben arpa-buğday peşinde koşarsam arpa buğdaydan farkım kalmaz diyecek kadar kendini rızaya adamaları."

Hocaefendi devam edecek ama benim aklıma bu yaklaşımı teyid eden Mevlana'nın enfes dizeleri aklıma geldi. Onu sizlerle paylaşayım: "Neyi arıyorsan sen, O'sundur' der Mevlana bir şiirinde ve devam eder: "Can konağını aramadaysan, cansın/

Bir lokma ekmek arıyorsan, ekmeksin/Şu nükteyi biliyorsan, işi biliyorsun demektir/Neyi arıyorsan O'sun sen/Ve neyi aradığını bilmekteysen, kendini biliyorsun demektir."

"*Üçüncüsü; birbirlerini ölesiye sevmeleri. Ölçü istiyordunuz, alın size bir ölçü; o öleceğine, ben öleyim diyecek kadar yürekli olmaları. Birbirlerinde fani olup, birbirlerini çok iyi okumaları, anlamaları, maddî-manevî ihtiyaçlar söz konusu olduğunda görüp-gözetmeleri. Kur'ân'ın teşbihiyle hablü'l-metin olma ancak bununla mümkün olur. Hablü'l-metin, küçük, zayıf, parçalardan müteşekkil iplerin bir araya gelmesinden oluşmuş, güçlü, kuvvetli, kopmaz halat demek. Burada bir parantez açıp şunu da diyebiliriz; ene'den Hüve'ye yürümeleri. Ama ene'den direkt Hüve'ye yürünemez. Arada bir nahnü var. Öyleyse ene'den nahnü'ye uğrayacak, cemaat içinde kendi benliğinizi eritecek ardından Hüve'ye doğru yol alacaksınız.*"

Bundan bir yıl kadar önce geçen bir sohbette de aynı şeylere parmak basmıştı Hocaefendi. Makam münasebetiyle o dönemde kaydettiğim o önemli tespiti de paylaşayım sizlerle: "*Vifak ve ittifakı koruma adına gösterilen gayretler ibadet sayılır. Günümüzde vifak ve ittifakı koruyan sıradan bir insan olmak, mukarrabînden, asfiyâdan, evliyâdan bir insan olmaktan daha önemlidir. Ene'yi bırakıp nahnü'ye bağlamalı; hatta nahnü de ayağımıza bağ oluyorsa "huuu" deyip geçip gitmeli. Unutmayın vifak ve ittifak iradeye emanet edilmiş bir meseledir. Efendimizin "Ümmet-i Muhammed'e ihtilaf verme!" duasının kabul edilmemesinin altında yatan sır budur.*"

Maddelendirme bana ait, sözün akışı içinde sıralanan bu vasıflardan sonra bir dakikaya varan derin bir düşünme safhası oldu. Çoğu zaman yaptığı gibi gözlerini bir yere dikti ve düşünceye daldı. Benim bu türlü atmosferlerde bir müşahedem bir de hissiyatım var. Müşahedem şu; eğer Hocaefendi böyle derin bir düşünceye dalıyorsa, sonrasında söylediği ve söyleyeceği sözlerin ayrı bir derinliği oluyor. Hissiyatıma gelince; gözünü diktiği yerin perde arkasına vâkıf oluyor gibi geliyor bana. Bir cümle ile açayım isterseniz; söz gelimi baktığı yer duvarsa, duvarın ötesinde olan şeyleri; birisinin yüzüne, gözlerinin içine bakıyorsa, kalb atışından kalbinin derinliklerinde taşıdığı duygulara kadar vâkıf olduğu hissine kapılıyorum. Başta söyledim, benim hissiyatım ve tabii ki sübjektif bir değerlendirme.

Biz o atmosfere geri dönelim; bir dakika sonra o derin düşünceden sıyrıldı ve halkada yerini alan bir arkadaşa ismini de vererek "*Günah günahtır değil mi?*" dedi önce ve ardından "*Söyle bakalım bana; günahtan daha büyük günah nedir?*" dedi. Soruya muhatap olan arkadaş "Mazeret" diye cevap verdi. Tek kelimelik bir cevaptı ama kastedileni herkes anlamıştı; günaha mazeret üretmek, ona bir kılıf bulmak demek istiyordu. Hocaefendi cevabı beğendi. Beğendi çünkü bu türlü zeminlerde söylediği dua mahiyetinde aldığımız meşhur sözünü söyledi: "*Berhudar ol!*" Ve devam etti: "*Lafz-ı kâfir olan yalan beyanlarla kendini paka çıkartma gayreti, günahtan daha büyük günahtır.*"

Buz gibi bir hava kapladı ortalığı. Sebebi Hocaefendi'nin tabir caizse odayı esir alan kararlı ses tonuydu. "*Bu şeytan çok müfrit bir mahlûk. Çok profesyonel. Kine, nefrete kilitlenmiş. Olumlu düşünecek kapasitesi yok. Yitirmiş o kabiliyetlerini. İnsanı yere sermenin her türlü fendini biliyor. İnsanoğlu ise çok toy. Onun için günde bin defa* رَبِّ أَعُوذُ بِكَ مِنْ هَمَزَاتِ الشَّيَاطِينِ. وَأَعُوذُ بِكَ رَبِّ أَنْ يَحْضُرُونِ "*Rabbim! Şeytanların vesveselerinden sana sığınırım. Rabbim! Onların benimle birlikte olmalarından sana sığınırım." desek sezadır.*"

Bu yazıda, sözün özü, hulasa gibi kelimelerle başlayıp yazıyı en azından ana fikri istikametinde özetleyen bir paragrafa gerek yok. Çünkü anlatılanların hepsi sözün özü ve hulasa mahiyetinde. Mühim olan onları hayata geçirmek.

MARİFET Mİ İLTİFATA İLTİFAT MI MARİFETE TÂBİ?

Bazen ezber bozan öyle sözleri oluyor ki Hocaefendi'nin, onu ilk duyduğunuzda ağır sıklet dünya şampiyonu bir boksörden yumruk yemiş gibi oluyorsunuz. "*Ateş önce beni sonra düştüğü yeri yakar.*" sözlerini ilk işittiğimde böyle bir halet-i ruhiye içinde bulmuştum kendimi mesela. Nasıl olur yani dediğimi hatırlıyorum kendi kendime. Çünkü biz çocukluğumuzdan bu yana anne-baba, akraba, yakın çevre, öğretmen ve kitaplardan tam aksini duymuştuk; ateş düştüğü yeri yakardı.

Gerçekten de öyle değil midir? Ateş düştüğü yeri yakmaz mı? Fiziken böyledir. Eğer bu mecazi manada acı, ızdırap, keder, üzüntü için kullanılıyorsa, manen de böyledir. Kim gencecik dünyalar güzeli genç kızın veya fidan bir bir delikanının ölüsüne günlerce ağlar ki anne baba ve belki de çok yakın akrabasından başka? İlk birkaç güne âmennâ. Ölü sahibine destek verme, teçhiz ve tekfin işlerinde yardım etme, taziyeye gitme, yemek götürme, ardından hatm ü şerifler yapma ve bütün bu amellerle üzüntüyü paylaşmaya tamam. Ama ne kadar sürecek bu? Sonra akşam olup herkes evine çekilince çocuğunun boşluğunu o evde onunla birlikte yaşayanlar hissedecek. Hem de daimi olarak.

Sathî bir nazarla bakınca, sıradan bir insan duygu ve düşüncesiyle meseleye yaklaşınca bunların hepsi doğru. Ama "Milletimin imanını selâmette görürsem, Cehennemin alevleri içinde yanmaya razıyım. Çünkü vücudum yanarken, gönlüm gül-gülistan olur." ufkunda dolaşan, hâşâ dolaşma değil, o ufuklarda ârâm eyleyen insanlar için geçerli değil söylediğim bu sözler. Belki de hata, kusur, günah kabul ediyorlar; belki de Allah'a karşı saygısızlık olarak nitelendiriyorlar; belki de misyonlarına ihanet olarak görüyorlar ateş düştüğü yeri yakar sözünü; kim bilir?

Hatırladığım kadarıyla şöyle demişti Hocaefendi: "*Ateş düştüğü yeri yakar, bencil insanların sözüdür. Ateş hem düştüğü yeri hem de beni yakar; insan olmaya adım atmış, mesafe almaya başlamış insanların sözüdür. Ateş önce beni sonra düştüğü yeri yakar; işte bu gerçek kemale ermiş, digergâm insanların sözüdür.*" Bu yaklaşım Enes Ergene'nin yorumlaması ile Hocaefendi'nin insan anlayışını özetlemekte, aynı zamanda hoşgörü, diyalog görüşlerinin temellerini oluşturmaktadır.

Geçenlerde ilk defa duyduğum aynı türden bir söz karşısında yine aynı şeyleri yaşadım. Yani ağır sıklet dünya şampiyonu birisinden bir yumruk yemiş gibi oldum. Dedi ki: "*Marifet iltifata tâbidir sözü bencilce bir sözdür. Doğrusu iltifat marifete tâbidir.*"

Hâlbuki benim bildiğim marifet iltifata tâbiydi. Hatta devamı da var o deyimin: "İltifatsız marifet zâyidir." Öteden bu yana duyduğumuz, bildiğimiz ve belki de farkında olmadan yaşadığımız bir gerçekti bu. Neydi o bildiğimiz ve yaşadığımız gerçek? Şuydu; motivasyon, insanın harekete geçmesinde önemli bir unsurdur. Kim olursa olsun, herkesin yapacağı her işte bir motivasyona ihtiyacı vardır. İltifat, başkaları tarafından medh u sena edilme, halk tabiriyle "aferin aslanım, kaplanım, paşam" denilmesi ortak bir motivasyon unsurudur. Böylesi medhe maruz kalan insanlar, yaptıklarının başkaları tarafından takdirle, teşekkürle, iltifatla karşılandığını müşahede edenlerin, heyecan ve helecanları artar, işlerine biraz daha sıkı sarılır ve kendilerini adeta yaptıkları işe adarlar.

Şöyle düşünelim; övülmekten hoşlanmayan kaç insan tanıyorsunuz çevrenizde? Yok cevabı vereceğinizi zannediyorum. Yoktur çünkü fıtrî bir olgudur bu. Belki psikolojik bir ihtiyaçtır. Bu yüzden olsa gerek, psikoloji bilminde bir alışkanlığı kazandırmak istediğiniz insana, o konuda adım atması durumunda iltifat edilmesi tavsiye edilir. Hatta bir metot olarak benimsenir bu ve adına da "edimsel şartlanma" denir. Çünkü yapılan iltifatlar güç verir bize. Enerjimizi yenileriz iltifatkâr sözlerle. Aşkımıza aşk, şevkimize şevk katarız. Yine aynı nedenle olsa gerek İbn-i Sina, "Bilim ve sanat iltifat görmediği bir ülkeyi terk eder." demiş kendine atfedilen bir beyanda.

Fakat Hocaefendi öyle düşünmüyor, tam aksini seslendiriyor. Diyor ki: "*İltifat marifete tâbidir.*" Ve devam ediyor: "*İnsanlar yaptıkları işlerde beklentisiz olmalı. Hiç kimseden takdir, tebcil, tebrik beklemeden işine sarılmalı. Konumunun hakkını vermeli. Üzerine düşen vazifeyi eksiksiz, kusursuz, arızasız yerine getirmeli ve sonra unutmalı.*"

Hocaefendi'ye ait "hayatı beklentisiz götürme" sözüyle özetleyebileceğimiz bir felsefe bu. Bu felsefeyi seslendirmek kolay da onu benimsemek, dünya görüşü haline getirmek, hayat tarzına intikal ettirmek ve fıtrat-ı sani denilen çizgide düşünmeden, duraksamadan bunu yaşamak. İşte önemli olan bu.

Yapmalı mıyız? Şeksiz ve şüphesiz evet; yapmalıyız. Pekâla yapabilir miyiz? Buna cevabım; neden yapmayalım, niçin yapamayalım ki? Bana böyle dedirten yine Hocaefendi'nin açıklamaları. Niçin yapmayalım, yapamayalıma cevap olacak şu sözlere dikkat kesilin: "*Her şeyden önce bedenimiz dâhil sahip olduğumuz her şey Allah'a ait. Ve bu Allah'ın kuluna ilk tevfikidir. İkincisi; sahip olduğu maddî manevî imkânları rantabl kullanabilecek bir yola hidayet buyurmuş, bir konum, bir makam ihsan buyurmuştur. Bu da ikinci tevfiki. O zaman bize düşen bunları bize ihsan edene şükür etmektir. Şükür ise karşılığını sadece O'ndan bekleyerek üzerine düşeni yapmak demektir. Aksi hâlde beklentiler, yapılan işe terettüp eden sevabın kimi zaman yarısını, kimi zaman hepsini alır götürür. Çünkü beklenti niyeti kirlendirir. İnsanın yıllar boyu çalışıp ahirette elinin avucun boş olması çok acıdır.*"

Hocaefendi bitirdi sözlerini; biz de bitirelim. Söz Hocaefendi'de: "*Marifet iltifata tâbidir bencilce bir sözdür. Doğrusu iltifat marifete tâbidir. Hayatı beklentisiz götürmek lazım. Koşup koşup hiçbir şey elde edememe, Allah'ın bir hızlânıdır. Dünyada önde görünüp de ahirette kaybetme, orada insanı çok utandırır.*"

KALB-KAFA İZDİVACI

Alabildiğine ciddi bir ortamdı. Söz, kendi akışı içinde okuma tutkusu, hakikat aşkı, araştırma ruhu, yükselme azmi, kalb-kafa bütünlüğü gibi mevzular arasında med-cezir yaşıyordu. Söz bunlardan açıldığında Doğu-Batı, dün-bugün, mektep-medrese mukayeselerinden bahsetmemek tabii imkânsız. Dolayısıyla söz oralara da geldi. Tam bu mukayeseler esnasında latifevârî bir edayla öyle bir cümle söyledi ki salonda bulunanların dudakları geriye doğru gitti. Çokları tebessüm etti yapılan bu teşbihteki letafete. Dediği şuydu Hocaefendinin: "*Kalb-kafa, beraberliklerini bir manada sekiz, bir başka manada da beş asır önce bitirdiler. Ayrıldılar birbirlerinden. Sonra zevc-i âher yaptılar. Hem de bir tane değil; elli tane. Fıkıhta bir tane deniyor. Bunlar elli tane ile yaptılar. Artık yeniden evlenmelerine bir mani kalmadı. Öyleyse kalb ve kafa –akıl da diyebilirsiniz- birbirlerine dönmeli ve yeniden evlenmeliler.*"

Sözün başlangıcı okuma eksikliğimizdi. Hocaefendi'nin en çok dert yandığı, en çok iç geçirdiği hususların başında gelir insanımızın okumaması. "*50'li yıllarda çok az kitap vardı ve insanımız okumuyordu. Şimdi o kadar çok kitap çıkıyor ki ama insanımız yine okumuyor. Nasıl bu insanları okumakolik haline getirebiliriz bilmiyorum fakat getirmek lazım. Yalnız kitap alırken de okurken de seçici olmak şart.*"

Son tahlilde parayla ve belki de biraz rehberlikle kitabı seçerek almak çok kolay halledilebilecek bir iş; asıl önemli olan kitap okuma ruhunu ve düşüncesini vermek değil mi? Herkesin "Evet." diye cevap vereceği bu soruya Hocaefendi de "Evet."dedi. Evet, ama nasıl sağlayacağız bunu? Nasıl insanımızda okuma tutkusu ve alışkanlığı oluşturacağız? Nasıl hakikat aşkı, öğrenme şevki vereceğiz? İşte cevaplanması zor olan kısım burası.

Aynı mevzu ile alâkalı iki farklı ortamda dile getirilen düşünceleri birleştirerek aktarmaya çalışacağım. Önce "*Bunları söylemem doğru değil fakat sahibi olduğumuz imkânların kadr ü kıymetini daha iyi idrak etmek için anlatayım.*" dedi ve kendi talebeliği döneminde çekmiş olduğu çileleri, ızdırapları anlattı. Medreselerde kaldıkları yerleri, ders çalışma ve barınma ortamlarını, yeme-içme hususunda talebe adına onur kırıcı olan sistemi, şahsî açıdan maruz kaldığı maddî imkânsızlıkları teker teker dile getirdi. Mesela dedi ki: "*Yapılan şeyleri takdirle beraber bugünden bakınca diyorum ki; iaşe ve ibate –yeme ve barınma- adına daha onurlu bir sistem geliştirilebilirdi. Talebenin haysiyetini de koruyan bir çizgiye çekilip öyle bir düzenleme yapılabilirdi.*" Mesela dedi ki: "*Bırakın eski dönemleri, 1950'li yılların sonuna kadar imamlar, hademe-i hayrât diye adlandırılan bir kategorideydi. Aldıkları maaş emsali devlet memurlarından 3-4 kat düşüktü.*" Ve sözlerini şöyle bitirdi: "*Şimdi beyler, paşalar gibi yaşıyoruz.*"

Sonra döndü ve çok defa seslendirdiği gibi "*Medresenin en büyük hatası İslâm'ın ruhî ve ruhânî hayatını bağrından söküp atmasıdır. Kalb-kafa beraberliğinin bozulmasını netice veren bir uygulamadır bu. Sonrasında inkılâp ruhu ölmüş, araştırma cehdi yara almış, hakikat aşkı unutulmuştur maalesef. Hâlbuki Kur'ân'ın bile muhkemâta bağlı ifadeleri olduğu gibi müteşabihât dediğimiz te'vil ve tefsire açık birçok yanları vardır. Bu yanlar muhkemâta bağlı bir çizgide devrin insanları tarafından doldurulması gerekir. Sahalarında uzman, mütehassıs insanlar gelecekler, çalışacaklar ve bu iradî boşlukları dolduracaklardır. İlla bir şey yapmak için değil, aksine hakikatin tahakkuku için yapacaklardır bunu. İmamı Gazzali gibi Zehravi gibi İbni Sina gibi insanların yaptıkları budur. Bugün derinden derine eksikliğini hissettiğimiz şeyler de bunlardır."*

Sözün geldiği bu noktada, bir başka hususa işaret etti. Aslında benim işaret dediğim şey; eğer söylenenler yerine getirilirse yani çalışma, araştırma, keşfetme, hakikate erme çabaları ete-kemiğe bürünüp hayat bulursa, bunun bizi sürükleyeceği mecburi istikamet ve son duraktır. O da kulluğun idraki ve hakkıyla yerine getirilmesidir. "*Bunlar bizi Allah'a kullukta daha ileri noktalara götürür. Ona kulluk yapma ihtiyacımızı daha derinden hissettirir.*"

Doğru değil mi denilenler? "*Allah'a karşı hakkıyla saygı duyanlar, O'nun emir ve yasakları karşısında tir-tir titreyenler ancak âlimlerdir*" (Fatır, 35/28) demiyor mu Kur'ân? Şahsım adına konuşayım; belki bir papağan gibi tekrar ettiğimiz, bir türlü ait olduğu derinliğe inip duya-duya, doya-doya söyleyemediğimiz "Seni hakkıyla zikredemedik ya Mezkûr! Sana hakkıyla kulluk yapamadık ya Ma'bûd! Sana hakkıyla şükredemedik ya Meşkûr!" dizelerinin sahipleri âyetin çizdiği çerçeve içinde kendilerine yer bulan âlimler değil mi?"

Devam edelim Hocaefendi ile "*İşte irfan bu. İrfan bilginin insan tabiatının derinliği haline gelmesi demektir. İlim, bir argümandır, temeldir. Asıl olan irfandır, marifettir, marifetullahtır ve irfan, ilimden sonra gelir.*"

Bu cümlelerden sonra çok kısa bir müddet düşündü ve sözlerini şöyle bağladı ki bu sözler artık herkesin aşina olduğu genel tavrını yansıtıyordu. O tavır, önce ibtida ile intihanın sınırlarını belirlemek, ardından insanları intihaya yönlendirmek, geniş ufuklar çizmek, yüce hedeflere işaret etmek ve bu hedeflere ulaşmak için kat edecekleri uzun mesafeler olduğunu söylemek. Bütün bunlarla beraber bilgi, kapasite, düşünce ve ufuk itibariyle böylesi bir yolculuğa hazır olmayıp yolun başlangıcında duranların da kabul edileceğini beyan ederek ümitsizliğe kapı aralamamak. "*Kimseyi hafife almayalım. Herkesin kendi ufkunda yaptığı şey makbul. Fakat kalb ve ruhun yörüngesinde seyahate ihtiyacımız var.*"

Ne olur o seyahate çıkarsak ya da seyahati başarı ile neticelendirirsek. Hocaefendi, insanın Allah ile olan ilişkisine "münasebet", Allah'ın insanla olan ilişkisine ise "muamele" der. Bu bir cümlelik açıklamadan sonra ne olacağını ondan dinleyelim. "*Münasebet ne ise muamele ona göre olur. Bizim burada Rabbimizle münasebetimiz, ötede Rabbimizin bize olan muamelesini belirler.*"

Gördüğünüz gibi okumadan, okumamadan, okunmanın gerekliliğinden başlandı muhabbete, okumanın insanı ulaştıracağı noktada bitti. Şimdi iş bize kaldı. Ya mevcut halimizle hayatı yaşamaya devam edeceğiz; ya da kendimize, düşüncelerimize, ideallerimize ve tabii ki hayat düzenimize bir çeki düzen verip okuma, düşünme, araştırma ve kullukta nirvanaya ulaşma ekseninden kendimize yeni bir kulvar belirleyeceğiz. Fazla söze hacet yok. Şimdi iş zamanı.

Unutmayın okumaya başlamak için dün çok geçti. Yarın hiç gelmeyebilir. Öyleyse bugün hatta şimdi niye başlamıyoruz. Başlayacağım kararı bile başlamak demektir. Kolay gelsin.

SORGULAMA VE SORGULANMA

"Benim bilmem yetmiyor mu?" başlığını koymuştu Süleyman Sargın geçen haftaki köşe yazısına. Amacı, riyadan, sum'adan yani görsünler, bilsinler, duysunlar için değil de sadece ve sadece Allah'ın rızasına kavuşmak adına amel yapmayı anlamaktı. Bence yazı amacına ulaştı. Hatta başlıkta zikri geçen "ben"in Allah olduğu bilinirse, yazıyı okumaya bile gerek yoktu muhtevayı anlamak için. Çünkü mana kendiliğinden tebeyyün ediyordu.

Niçin böyle bir giriş yaptım yazıya? Şunun için; çoklarımız yapa geldiğimiz işler, söyle geldiğimiz sözler itibariyle kendimizi sorgulamaya tâbi tutmaz veya başkaları tarafından sorgulanamaz bir konumda görüyoruz. İnşallah yanılıyorumdur; ama benim gözlemim bu. Hâlbuki hemen herkesin bildiği gibi İslâmî değerler itibariyle hem dünyevî hem de uhrevî açıdan yanlış bir yaklaşım bu. Dünyevî açıdan yanlış; çünkü kul, hem Allah ile olan münasebetleri hem beşerî ilişkiler itibariyle kendini her daim muhasebe ve murakabe etmelidir. Uhrevî açıdan yanlış; çünkü hesap, mîzân, mücâzât, mükâfat, cennet, cehennem gibi kavramların her biri tek başına bu yaklaşımın yanlışlığını kör olmayan gözlere gösterir.

Hocaefendi'den örnek vereyim. Yazılı ve görsel kamuoyuna yansıyan yazı ve sohbetlerinde onu takip edenler, onun hem Allah ile olan münasebeti hem de beşerî ilişkiler itibariyle kendisini nasıl sorguladığını bilir. Hatta sorgulama esnasındaki sözlerine bakanlar ona sorgulama değil hırpalama demeliler. O kendisini, bir başka vesile ile kullandığı teşbih içinde debbâğın tabakladığı deriyi yerden yere çalması gibi kendini yerden yere çalar sürekli. Ne ibadetini ne ubûdiyetini ne de ubûdetini yeterli görür. "*Allah'a kulluk O'nun hakkı, bizim de vazifemizdir.*" der; der ve arkasından O'na, O'nun büyüklüğüne muvafık kulluk yapamadığından yakınır durur. 'Hel min mezid: daha yok mu?' ufuklarında dolaşır durur her gün, her saat, her dakika. Birkaç gün önce gözyaşları içinde söylenen şu sözlere bakın: "*Allah ile münasebetim açısından bir karınca kadar değerim var mı Hak katında acaba?*"

Beşerî münasebetler adına da aynı yaklaşımı gösterir Hocaefendi. "*Ben kendimi beğenmiyorum; beni beğenenleri de beğenmiyorum.*" altın ölçüsünün açtığı kulvarda dünyevî yolculuğuna devam eden birisidir o zira. Başkalarının nezaket, nezahet, hilm, silm, tevazu, mahviyet vb. özelliklerine yaptığı vurgular, rahatlıkla ifade edebilirim; onun nezdinde hiçbir mana ifade etmez. O inancının, ahlâkının, kültürünün şekillendirdiği şahsiyet ve karakteri içinde gündelik yaşamına devam eder. Yüzüne karşı yapılan medh ü senalar karşısında boncuk boncuk terlediği az görülen manzaralardan değildir.

Sadece bu mu? Hayır; onca hoşgörü söylemlerine rağmen hâlâ kendilerini karşı cephede gören insanların yapıcı değil yıkıcı tenkit kapsamı içine giren sözlerine de kulak kesilir Hocaefendi. Onları, o tenkitleri içinde anlamaya çalışır. Sözlerine mahmil bulmaya gayret eder. "*Belki biz yanlış düşünüyor, yanlış konuşuyor ve yanlış yapıyoruzdur.*" der ve acımasızca sorgular kendini. "*El âlem peygamberleri bile sorgulamış. Biz kimiz ki sorgulanmayacağız? Tabii ki sorgulayacaklar. Ayrıca bir peygamber değiliz ki? Sıradan insanlarız. Yanlış yapmış olabiliriz. Fakat niyetimizi Allah biliyor, yaptıklarımızı görüyor.*"

Bazen Rabbimizle münasebetteki eksikliğin böylesi tenkitlere kapı açtığını düşünür. Şöyle demişti geçenlerde: "*Ağzımızdan çıkan her söz kalbimizin sesi olmalı. Yaptığımız işler itibariyle azıcık kendimizi bir şey zannediyorsak, kendimize azıcık hisse veriyorsak sınırımızı bilmiyoruz demektir. Kim bilir başımıza gelenler belki de bu türlü zaaflarımızdan kaynaklanıyordur.*"

Sınırımızı bilmiyoruz tespiti burada önemli. Zira ikbal dönemindeki nice büyük hizmetlerin önünde, içinde, yanında, arkasında olan insanlar, elde edilen başarılar karşısında dengeyi koruyamayabilir. "*Hepimiz insanız ve hepimizi nefis taşıyoruz. Çoklarına nasip olmayan şeyler karşısında, insanın başının dönmemesi, bakışının bulanmaması ancak sağlam ve kavî bir imanla olur.*"

Pekâlâ, sınır ne? Sınır; yapan, eden, kılan O, bizler ise sadece arada bir vesileyiz. Aksi bir iddia bizim kendimizle baş başa kalmamız demektir ki zaten Hocaefendi devam eden sözlerinde bunu açıkça ifade etti; "*Hadiselerin diliyle şunu diyordur Allah; madem siz kendiniz yaptınız bunu; öyleyse buyurun devam edin. Ben havl ve kuvvetimi geri çekiyorum; siz kendi iradeniz ve kudretinizle yapın. Eğer Allah böyle diyorsa, işimiz bitti demektir. Hâlbuki yapılması gerekli olan şey; öz güven ya da ben veya biz deme yerine Allah'ın inayeti deme değil midir? Beşerin gözetimi altına girmektense, Allah'ın gözetimi ve denetimi altına girme değil midir?*"

Sorgulama ile alâkalı sözleri bitti ama "Bu durumda ne yapacağız?" diyenlere cevabı var Hocaefendi'nin. Diyor ki: "*Natüralist akılla değil, Kur'ân aklı, Kur'ân mantığı ile muhasebe yapın, muhakemede bulunun, murakabeden dur olmayın. Kendi küçüklüğünüzü nazara alın; O'nun büyüklüğünü düşünün. Her şey ama her şey O'nun yed-i kudreti elindedir deyin. Deyin ama demekle kalmayın, buna can u gönülden inanın. O zaman zerre iseniz derya olursunuz. İşte o zaman "Faniyim fani olanı istemem. Acizim aciz olanı istemem. Ruhumu Rahmân'a teslim eyledim gayr istemem. İsterim fakat bir yâr-i bâkî isterim. Zerreyim fakat bir şems-i sermed isterim. Hiç ender hiçim fakat bu mevcudâtı birden isterim." diyebilirsiniz. Zaten bu cümleler ancak o makamda söylenebilir."*

Sözlerini bitirirken bam teline dokunup can evini vuran çok yakıcı beyanları oldu ve bu beyanlarla perdeyi kapattı. "*Eğer insan, Allah nezdinden mahbubsa, Allah insanı, insan da Allah'ı sever.*"

Mahbub olduğunuza dair bir ölçü var mı diye soracak olursanız; cevap; var. İki ölçü verdi Hocaefendi. Birincisi; kalbte başlayıp aza ve uzuvlara yansıyan haşyet. Hadis bunun delili: "Eğer kalbinde haşyet olsaydı, mutlaka azalarına, tavır ve davranışlarına da aksederdi."

İkincisi ise Nakşibendîlerin formülleştirmesi içinde dünyayı, ukbâyı, öz benliğini terk edip sonra bütün bunları terk ettiğinden dolayı fahre, gurura kapılmama. Bir başka ifadeyle bütün bu terkleri de terk etme ve böylece halis tevhide ulaşma.

Son sözleri Niyazi Mısrî'nin şu enfes beyti oldu;

"Ben sanırdım âlem içre bana hiç yâr kalmadı;
Ben beni terk eyledim gördüm ki ağyâr kalmadı."

Süleyman Sargın ihlâsı "Benim bilmem yetmiyor mu?" kelimeleriyle özetlemişti. Hocaefendi de diyor ki: "*İhlâslı değilseniz, yaptığınız işlerde sadece O'nun rızasını gözetmediyseniz, İstanbul'u fethetseniz bile, hesabını sorar Allah.*"

Sorgulayalım kendimizi halis tevhidi yakaladık mı diye? Kazanma kuşağında kaybedenlerden olmamak için şart bu. Sorgulamaya açık olalım her zaman. Hatadan masûn ve masum olmadığımızı kabullenme, zaten bu sonucu doğurur.

KUR'ÂN AKLI

Yukarıda okuduğunuz 'Sorgulama ve Sorgulanma' başlıklı yazı yayınlandıktan sonra Hocaefendi'nin "*Natüralist akılla değil, Kur'ân aklı, Kur'ân mantığı Kur'ân mantığı ile muhasebe yapın, muhakemede bulunun, murakabeden dûr olmayın. Kendi küçüklüğünüzü nazara alın; O'nun büyüklüğünü düşünün. Her şey ama her şey O'nun yed-i kudreti elindedir deyin.*" cümlesinde geçen "Kur'ân aklı, Kur'ân mantığı" kavramlarının açılmasını isteyen hatta bunu zaruri gördüğünü söyleyip gerekçelerini açıklayan bir e-mail aldım. Okuyacağınız yazıda bunu yapmaya çalışacağım. Söz sahibi Hocaefendi olunca, tabii ki ilave bir izah ve açıklama için ona müracaat etmek gerek.

Müslüman olan herkesin kabulleneceği gibi Kur'ân her Müslümanın hayatının merkezinde yer alır; daha doğrusu alması gerekir. Fakat gel gör ki hakikat-i hâl bu değildir? Hem de asırlardır. Siz de öyle düşünmüyor musunuz? Müslüman-Kur'ân münasebeti açısından bugünkü manzaraya baktığınızda, gerçekten Kur'ân her Müslümanın hayatının merkezinde yerini alıyor mu? Uzağa gitmenize, etrafınıza bakmaya gerek yok; kendinizden hareketle cevap verin yeter.

İstisnaları yok mudur? Elbette vardır. Ama mevzuumuz sayıları yüzlerle, binlerle ifade edilecek istisnalar değil; 1,5 milyarlık İslâm dünyası. Hâlbuki sahabe ile başlayıp dedelerimize-babalarımıza uzanan mazimizde böyle değildi. Sahabe dönemi sonrasında kesintiler, mutlakıyetten izafiyete, asliyetten zılliyete uzanan çizgide farklı desenler, inişler-çıkışlar olsa da çok farklı bir manzara vardı Kur'ân'ın hayata hayat olmasında. Özellikle Hulefâ-i Raşidîn dönemi. Çokları itibariyle Kur'ân'ın inişine şahit olmuş bir neslin yaşadığı o dönemde Kur'ân aklı, Kur'ân mantığı ve bu iki kavram etrafında olgunlaşan Hocaefendi'nin isimlendirmesi ile "saf Kur'ân kültürü" gelişen, değişen, dönüşen ortamlarda, yeni ortaya çıkan durumlar karşısında nasıl tavır alınacağı konusunda insanlara yol göstermeye yetiyordu.

Herkesin bildiği bir misali Hocaefendi'den aktaralım: "*Mesela, Seyyidinâ Hazreti Ömer evlilik akdi esnasında tespit edilen mehir miktarı hakkında üst sınır belirlenmesi gerektiğini söylüyor –Ömer'ce bir zühûl sayılabilir, bize göre bir zühâl da değildir. Çünkü evlenmeyi kolaylaştırmak adına çok önemli bir husus olduğundan bunu hemen her aklı başında halife düşünmüştür- O, bunu mehir miktarının evliliğe engel olmaması için yapıyordu. Bir hutbe esnasında mescitte îrâd edilen bu beyan karşısında bugün adını şanını dahi bilmediğimiz bir kadın; "Ya Ömer! Senin bana ulaşmayan bir başka bilgiyle Efendimiz'den duyduğun bir şey mi var? Çünkü Kur'ân'da Allah* وَاٰتَيْتُمْ اِحْدٰيهُنَّ قِنْطَارًا *diyor. Demek ki kantar kantar mehir verilebilir." Hazreti Ömer hiç tepki göstermeden o kadının itirazını yerinde buluyor ve kendi kendine "Yaşlı bir kadın kadar da dinini bilmiyorsun." diyerek sözünü geri alıyor.*"

Hz. Ömer'in bir hakikatin kendisine anlatılması karşısında hemen aldığı tavır bir kenara, kadının anında yaptığı itiraz ve o itirazda dile getirilen yoruma bakın ve kendinize sorun

"O âyetten bu yorumu yapmak nasıl mümkün oluyor?" diye. Mümkün oluyor, çünkü onların en küçüğünden en büyüğüne bütün meselelerde ilk müracaat kaynakları Kur'ân. İşte bu kabulleniş, bu bakış açısı Kur'ân'la onlar arasında ayrı bir münasebetin kurulmasına yol açıyor. İlim adamlarımız hariç belki de sıradan Müslümanlar olarak bizim hiç ama hiç tatmadığımız bir şey bu. Tatmayı bırakın aklımıza bile getirmediğimiz bir gerçek maalesef. Haliyle sahabenin bu yaklaşımı onlarda ayrı bir mümarese oluşturuyor; kabiliyetler o noktada inkişaf ediyor; Allah lütfu ve ihsanı ile onların önüne ayrı ufuklar açıyor ve sonuçta "saf Kur'ân kültürü" oluşuyor. Bu oluşumda etkili başka faktörler var tabii ki. Hocaefendi'ye göre bu faktörler şöyle sıralanabilir:

1- Her meselenin yegâne çözüm kaynağı olarak Kur'ân'ı görmeleri ki bunu yukarıda söyledik.

2- Kur'ânî ilmi marifet haline getirmişler. İzledikleri yol şu; sahabe Kur'ân âyetlerinde zikredilen icmâlî bilgiye hemen iman etmiş ve ardından bu imanlarını tefekkürle açarak daha geniş bir ilmî çerçeve içine almışlar. Belki de bizim kaybettiğimiz, yanlış yaptığımız nokta bu. Seviye farkı mahfuz, Kur'ân'ın Allah kelâmı olduğunu kabul ve imanda bir problemimiz olmamasına rağmen, o bilgiyi tefekkürle, tezekkürle derinleştirmemek, derinleştirememek, tabiatımıza mal edememek. Hâsılı imandan marifet ufkuna bir türlü yürüyememek.

3- Bütün hayatlarında hatta yeme-içme gibi en tabii hallerinde dahi sadece murad-ı İlâhî'yi gözetmeleri; dünya değil ukbâ endeksli bir hayat yaşamaları.

4- Zihinlerini yabancı kültürlerin etkilerinden iradî olarak korumaları. Sahip oldukları meleke ile söz konusu kültürlerden alacağı veya reddedeceği şeyleri ayırt etmeleri ve böylece sâfî zihinlerinin kirlenmelerine imkân tanımamaları. Bir başka ifadeyle karşılaştıkları her şeyi Kur'ân ve sünnet mizanları ile test etmeleri, bu iki kaynağı bir filtre olarak kullanmaları.

Pekâlâ, sahabeyi anladım ama zamanının çocuğu olan bizler ne yapacağız diyorsanız: önce zihin planında "olan" ile "olması gerekeni" tespit edeceğiz ki şimdiye kadar yazdığımız satırlar aslında bunu anlatıyor. Olması gereken Kur'ân aklına, mantığına ve onun saf kültürüne sahip olmak. Bunu böylece kabullenme, eksikliğini hissetme ve çözüm için çareler aramaya girme, çözüm adına % 50 mesafe alma demektir. Aksi bir kabul, bizi yerimizden hareket ettiremez; mevcutla iktifa etmemize sebep olur. Yine Hocaefendi'nin tabiriyle "kültür Müslümanı" olarak yaşamımıza devam ederiz.

İkincisi; metodolojik bilgilerin ağırlıklı olarak yer aldığı okumalarla işe başlamak. Kur'ân ve sünneti okumanın peşi sıra onları anlamaya, yorumlamaya yönelik bizim elimize kriterler verecek, kendimizi veya okuduğumuz bilgileri test etmeyi sağlayacak ölçüler kazandıracak eserleri okumak. Eğer elimizde böylesi kriterler olmazsa, her gün yüzlerce kitabın piyasaya çıktığı günümüzde neyi, nasıl okuyacağımızı şaşırır ve ortada kalırız. Dengesiz okumaların içine gireriz. Dengesiz okumalar ise insanı düşünce istikametini koruyamayan, bugün evet dediğine yarın hayır diyen; daha doğrusu en son okuduğu kitabın tesirinde söz söyleyen bir konuma sokar.

Kendine has ifade insicamı ile ne güzel anlatır bunu Hocaefendi: "*İşte bu tip insanlar yani dengesiz okuyanlar en son okudukları kitabın tesirinde kalarak sağda solda görüş beyan eder, bir gün sonra da önceki gün söylediklerine ters görüşleri rahatlıkla ortaya koyabilirler. Bu onların "İbn-i zaman" (zamanın çocuğu, dar zaman aralıklarına bağlı yaşayanlar) olduklarının delilidir. Hâlbuki bizim şimdi "ibn-i zaman"lara değil, zamanlarını aşan eserlere kulak veren, hatta böylesi eserler ortaya koyabilen insanlara ihtiyacımız var.*"

Ne zaman olacak bu Kur'ân aklı diyerek yola çıkıp saf Kur'ân kültürüne ulaşmamız? Bugün başlayıp yarın neticesi alınacak bir şey değil elbette bu. Asırlık ihmallerin telafisi hemen olmaz; uzun zaman ister. Ama doğru teşhis, kısa, orta ve uzun vadede neticesi alınacak planlar eşliğinde doğru tedavi metotları ile belki "uzun" dediğimiz zaman kısalabilir. Gayret bizden, tevfik Allah'tan.

Yazının sonunda şu can alıcı soruya cevap verelim; Kur'ân aklı, mantığı, muhakemesi, murakabesi konusunda eksiğimiz var mı yok mu? Var diyor ve bu eksiği kapatmak için dertlenip, çözme yoluna girersek, Allah'ın izniyle gerisi kolay. Unutmayalım, her şey ilk adımla başlar.

ADALET VE İNSAFIN İZDÜŞÜMÜ

İslâmi öğretilere göre tevhit, nübüvvet, haşir ve adalet sadece İslâm'ın değil bütün dinlerin temel esaslarıdır. Hz. Âdem'den, Hz. Muhammed'e (sallallahu aleyhi ve sellem) kadar bütün Peygamberlerin insanlığa sunduğu itikadî ve amelî tekliflerin merkezini oluşturur bunlar. Bu açıdan mezkûr esasların korunması, aslında dinin/dinlerin korunması anlamına gelir. İslâmî perspektiften baktığımızda mugayyer, mübeddel dediğimiz İlâhî dinlerin mugayyer ve mübeddel olarak adlandırılmalarının temel sebebi; bahsini ettiğimiz bu esasların aslî halinden uzaklaşması, daha doğru tabirle müntesipleri tarafından uzaklaştırılmalarından dolayıdır.

Okuyacağınız yazının konusu adalet, adaletin bir boyutunu teşkil eden insaf ve o insafın Hocaefendi'deki iz düşümü olacaktır. Almanya Postdam Üniversitesinde gerçekleşen konferans ve özellikle harekete getirilen eleştirel yaklaşımları Hocaefendi ile paylaşma imkânım oldu. Pür-dikkat diye nitelendirebileceğim bir ilgi ve alâka ile dinledi. Çok çeşitli değerlendirmelerde bulundu. Ben bunları üç kategori hâlinde ve son tahlilde başta belirttiğim adalet ve insafın iz düşümünü gösteren boyutunu ön plana çıkartarak anlatmaya çalışacağım.

Birincisi: şöyle dedi Hocaefendi: "*Herkesin bize göre, bizim hissiyatımıza göre söz söylemesi şart değil. Akademisyenlik objektif olmayı gerektiren bir meslektir. Zaten bu türlü toplantılarda esas olan da müdâvele-i efkârdır. Acı-tatlı, iyi-kötü, çirkin-güzel bütün yanları ile ortaya konmalıdır.*"

Eleştirilerin mahiyeti ve dile getirilme üslubu ile alâkalı olarak da: "*Tenkitler olabilir ve olmalıdır. Ama bunlar yapıcı olmalı. Bizdeki eksikliği, yanlışı, kusuru gidermeye matuf olmalı. Bunun yanında eksik olarak gördükleri hususları gidermemiz için bizi teşvik edici bir üslupla dile getirilmeli. Hatta bizde heyecan oluşturmalı. Mükemmeli elde etmek bizim elimizde değil; onu sadece Allah yapar. Fakat gayret gösterir, çalışır ve çabalarız.*"

Doğrusu bu ama bu yolun tercih edilmediği durumlarda ne olacak? Mesela, objektif olması gereken akademisyenler, sübjektif olsalar, ideolojik bir dil kullansalar, tahrik edici bir tarzla düşüncelerini dile getirseler. Uzun konuşması içinde bu sorunun da cevabını bulmak mümkündü; satır aralarında değil, bizzat satırlarda. "*Tenkitler yapılırken fanteziye girenler olabilir. Herkes takdir ederken, ben de tenkit edeyim diyebilir birileri. Ne sağlam bilgiye ne de ilmî disiplinlere bağlı olmayabilir söyledikleri şeyler. İnsan tabiatında vardır bu. Öyleyse onu da normal kabul etmek lazım. Fakat bu, söylenenleri kabul etme anlamına gelmez; o zaman birileri de çıkar; ortaya atılan şüphe ve tereddütlere üslubumuzu bozmadan makul cevaplar verir.*"

Mükemmeli elde etmek bizim elimizde değil diyen Hocaefendi sohbetin akışı içinde, o konuya tekrar döndü ve çok net ifadelerle çok net mesajlar sundu her kesime: "*Ortaya konulan plan ve projeler, ne kadar da mükemmel olsa, hatta sevk-i İlâhî ile hareket ediyor dahi olunsa, onları hayata geçirirken beşer fıtratı devreye girer. Kusurlarla alûde olan fıtrat ise bazen işin rengine, desenine, kokusuna dokunur.*"

İkinci kategoride ele alacağım düşünceler Gülen Hareketi kavramı ile alâkalı. Daha önceki bir yazımda da ifade etmiştim: Benim de şahit olduğum bir görüşme esnasında ünlü bir sosyal bilimci akademisyen hareketin emsallerinden çok farklı özellikler taşıdığını ve bu nedenle sosyal bilimlerdeki mevcut kalıplardan birinin içine girmediğini anlatmış ve ardından harekete isim koyma noktasında yardımcı olmasını istemişti. Hocaefendi'nin cevabı ise şöyle olmuştu: "*Mutlaka bir isim koyacaksanız, yüksek insanî değerler etrafında buluşan insanların hareketi diyebilirsiniz.*"

Aynı yaklaşımı farklı kelimeler, farklı cümlelerle yine dile getirdi Hocaefendi konferans değerlendirmesinde. Şöyle dedi: "*Dünyanın dört bir yanında eğitim, diyalog, ekonomi diyerek hizmet götüren, böylece bir taraftan insanlığa ait sorumluluklarını yerine getirirken, diğer taraftan Allah'a karşı vazifelerini yapan milletimizin çaba ve gayretlerine terettüp eden hâsılayı, bir insana atfetmek şirktir. Bu yaklaşım insanları tiran yapmaya yeter. Öyleyse katiyen şahısları putlaştırmayın.*

Bir başka zaviyeden bugün yapılanlar dün, önceki gün ve daha öncesinde yapılanların semeresi. Birileri gelmiş, ciddi çalışmaları olmuş, işi bir yere kadar getirmiş ve size ışık tutacak beyanları, tavsiyeleri, tecrübeleri de ilave ederek, "Sıra sizde." demişler. Yani toprağın bağrına tohumları atmış, sulamış, tımarını yapmış, tam çalışmaları meyve vereceği zamanda çekip gitmişler. Şimdi bu gerçeği görmemek nankörlük olur. Bu hakikat, harekete isim verilirken mutlaka görülmeli.

Bu demek değildir ki harekete yararlılıkları dokunan insanlardan bahsedilmesin. İnsan tabiatında vardır; herkesin sevdiği, saydığı insanları ön plana çıkartmak, onlardan bahsetmek ister. Ama bu hissiyat, bütün bir milletin sa'yine terettüp eden şeyleri, bir insana mal etme sebebi olmamalı. Fakat illa birilerine ve bir şeylere mal edeceğiz deniliyorsa, hareket topyekun bir milletin bütün insanlığı içine alan insan sevgisine, bu uğurdaki müstakim aşk, sevk ve heyecanına mal edilmeli. Baki olan Allah'tır; insanlar da, insanların yaptıkları da fanidir."

Üçüncü kategori dediğim hususa gelince; aslında bu birkaç cümleden ibaret. Ama dost-düşman herkesin Hocaefendi'nin inanç ve düşünce dünyasını anlaması açısından önemli. Gerçi klasik ön yargıları, asırlık şartlanmışlıkları içinde bakan kişiler yine şüphe duymaya devam edeceklerdir; bunda kuşku yok. Fakat ne yapılabilir ki; hakikat bu ve bu hakikatin dillendirilmesi gerekiyor. İşte Hocaefendi de bunu yapıyor, her fırsatta yaptığı gibi. Bir akademisyenin "Samimiyet ile gizli ajanda bir arada olmaz." sözünü aktarmam esnasında söyledi aşağıdaki sözlerini. "*Benim gizli ajandam şu; Allah'ın rızası dışındaki mülahazalara bağlı olarak yapılan her davranışı şahsım adına HARAM sayıyorum.*" Burada birkaç saniye durdu ve sonra haram vurgusunu ses tonunu daha da yükselterek yeniledi: "*HARAAAM.*"

Siz üç kategoriye ayırıp aktarmaya çalıştığım bu sohbet ortamında dile getirilen düşüncelerde ne gördünüz bilmiyorum; ama ben gördüğümü yine Hocaefendi'nin başka bir vesile ile söylediği cümleden hareketle söyleyeyim. O, bir keresinde "*İnsaf dinin yarısıdır, derler. Eğer insaf dinin yarısı ise, insafsızlık dinsizliğin yarısıdır.*" demişti. Şahsen ben, bu değerlendirmelerin her bir cümlesinde, her bir kelimesinde ve her bir harfinde, İlâhî dinlerin temel esaslarından biri olan adalet ve adaletin en önemli ayağı olan insafı gördüm.

ALLAH UNUTMUYOR SEN UNUTSAN NE YAZAR!

Vefa, Hocaefendi'nin tespitleri içinde "Dost ikliminde yetişen güllerdendir." Gül deyip geçmemek lazım; çünkü bir gülün ya da güllerin yetişmesi için her şeyden önce toprağa ihtiyaç vardır. Toprak başlı başına yetmez; ardından su, güneş, gübre. Sonra bağban ister, bahçıvan ister gül. Ta ki onun bakım ve görümünde boy atıp gelişsin. Toprağın bağrında tohum iken rüşeym, sonra tomurcuk, derken gül olsun. Ve hepsinden önemlisi küllî iradenin izni gerekir gülün neşv u nema bulması. Biz beşer olarak her türlü sebebi yerine getirsek bile, eğer O izin vermiyorsa, bütün çabalar, gayretler beyhudedir.

Dost ikliminde yetişen, sevginin, mürüvvetin bağrında boy atıp gelişen ve adına vefa denen bu gülün çok çeşitli tarifleri yapılmıştır bugüne kadar. Kimine göre o "Sözünde durmak" demektir, kimine göre "Sevgide sebat." Bazısı "Asaletli dostluktur." der vefaya. Bazısı da "Arkanda bıraktığını yabana atmamandır." diye tarif eder. Birileri "Tıpkı sadakat gibi ölçüsü tam bilinemeyen izafî bir tabirdir." der vefa için. Birileri de "Yaptığı her şeyi az görmektir." sözleri ile ayrı bir boyut katar vefaya.

Bunların hiçbirisinin yanlışı yok; hepsi doğru. Hatta eksiği var, fazlası yok. Çünkü herkes kendi penceresinden bakıyor ve penceresinden gördüğünü söylüyor. Bilgisini, hissini, tecrübesini, ufkunu konuşturuyor. Kur'ân der ki "*Ey iman edenler! Akitlerinizde vefalı olun.*" (Maide, 5/1) Bunu Türkçeye tercüme edenler, meal yazanlar, tefsir edenler "Yaptığınız sözleşmeleri titizlikle yerine getirin." diyorlar. Yani verdiğiniz sözde durun, sözlerinizi tutmamak suretiyle ihanet etmeyin manası veriyorlar vefaya. İnsanlığın İftihar Tablosu Efendimiz de (sallallahu aleyhi ve sellem) aynı şeyi söylüyor. O, münafıkların özelliklerini anlattığı meşhur hadisinde "Söz verince sözünde vefalı olmaz, sözünde durmaz." buyuruyor.

Uzatmaya gerek yok; vefa İstanbul'da bir semtin adı değil. Bu açık, seçik ve net bir şekilde anlaşıldı. Vefalı olması gereken insan. Ama kime karşı. İşte asıl soru bu? Kime karşı vefalı olacağız? Eşimize, çocuklarımıza, anne-babamıza, dostlarımıza, arkadaşlarımıza, çevremize, hâsılı canlı-cansız bütün varlıklara. Tamam da burada bir eksik gözümüze çarpmıyor mu? Vefalı olunması gerekenler listesinde beşer ve beşerî hayata ait varlıklar ve nesneler var. Hâlbuki bu listenin başında Allah olmalı değil mi? Peygamberimiz (sallallahu aleyhi ve sellem) nerede? Sahip olduğumuz ve sanıyorum sahip olmakla herkesin övündüğü dinimize ne diyeceksiniz?

Merhum Yaşar Tunagür Hocanın çok sık tekrar ettiği deyimle diyeyim; "Eğri oturup doğru konuşalım.", bizler ya gerçekten içimizden gele gele ya da "ihanetle damgalanırız, sadakatsizlikle itham ediliriz, vefasız diye nitelendiriliriz" korku ve endişesi ile saydığımız ve saymadığımız varlıklara karşı vefalı olmaya çalışıyoruz da Allah'a ve Resûlü'ne vefalı olmayı aynı ölçüler içinde düşünmüyoruz. Tefekkür ve tezekkürlerimize konu etmiyoruz. Akşam yatağa girdiğimizde "Ben bugün Rabbime karşı, O'nun emir ve yasaklarını yerine getirmek suretiyle vefalı oldum mu?" sorusunu kendimize sormuyor, muhasebe ve murakabede bulunmuyoruz.

Dünyevî planda Rabbimizin ihsan buyurduğu başarıları adeta kendimizden biliyor ve "Ben yaptım, ben ettim, ben kıldım, ben olmasaydım, ben tutmasaydım, ben söylemeseydim…" diyoruz. Ama beri tarafta 40-50 yıllık hayatımız içinde Rabbimize karşı yaptığımız isyanları, işlediğimiz günahları, nankörlüklerimizi, en net ifadesiyle vefasızlıklarımızı hiç hatıra getirmiyoruz. "Allah affeder." kalkanının arkasına sığınıyoruz; sığınıyoruz ama adam gibi tövbe de bulunmuyoruz. Tabii ki o kalkanın arkasına sığınacağız; sığınacak başka kapımız yok ama o sığınmanın da kendine göre bir usulü, âdâbı olması gerekmez mi?

Bakın ne diyor mevzu ile alâkalı Hocaefendi daha geçenlerde yaptığı bir sohbetinde: "*Cihanları fethetse, hatırlamıyorum diyecek kadar yürekli olup kendini geride görme ama en küçük günahını unutmama. Bir insan 60 yıl önce işlediği günahı hatırladığında ürperti duymuyorsa, Allah'a karşı vefalı değildir. Allah unutmuyor ki sen unutsan ne yazar!*"

Devam edeyim isterseniz Hocaefendi'den: "*Nefyi nefyetmek, ispattır. Kendimize varlık nispet ettiğimiz takdirde Hakiki Varlık karşısında sıfır olmadığımız iddiasını taşıyoruz demektir. Hâlbuki kendimizi O'na nispet etsek, o nispetimiz seviyesinde var oluruz.*" Dikkatinizi çekerim; nispetimiz seviyesinde var olur, hakiki varlığa ereriz diyor. Ardından da misalini veriyor: "*Bakın Efendimiz için Kur'ân, "Kulunu Mescid-i Harâm'dan, çevresini mübarek kıldığımız Mescid-i Aksâ'ya götüren…" Kulunu diyor, kulluk vasfıyla onu ön plana çıkartıyor. Çünkü kulluk en büyük makamdır.*"

Neden böyleyiz biz? Niçin vefa ekseninde beşerî münasebetleri merkeze koyarak yaptığımız mukayeseleri, Allah-kul ilişkisi için yapmıyoruz? Eşin, dostun, akrabanın "vefasız" nitelendirmesinden korktuğumuz ölçüde, neden Rabbin vefasız damgasını vurmasından endişe etmiyoruz. Hocaefendi diyor ki: "*Çünkü biz usûlü'd-din'i bilmiyoruz.*"

Katılmamak mümkün mü? İlmihal seviyesindeki bilgilerle –ki onu da ne kadar bildiğimiz her zaman tartışmaya açıktır– bu hakikatler anlaşılabilir mi? "*Kitab'a sımsıkı sarılıp namazı dosdoğru kılanlar var ya, işte biz böyle iyiliğe çalışanların ecrini zayi etmeyiz.*" (A'raf, 7/170) Keşke şu âyetteki "Kitab'a sımsıkı sarılanlar" kaydını hakkıyla anlayıp, hakkını verebilseydik!

Bitirelim; ayrılmışız biz kendi özümüzden, sözümüzden. Yitirmişiz benliğimizi, kimliğimizi. Unutmuşuz bizi biz yapan değerlerimizi. Sarhoşu olmuşuz içinde yaşadığımız dünyanın. Meftunuz çevremizde bulunan her şeye. Dünya-ukbâ, kâr-zarar hesabı yapamıyoruz nedense bir türlü. Anlamıyoruz, anlatamıyoruz, anlaşamıyoruz ne kendimizle ne de etrafımızla. "Aynı dili konuşanlar değil aynı duyguyu paylaşanlar anlaşır." diyor ya Mevlana; ihtimal biz aynı duyguyu paylaşmıyoruz, aynı dili konuştuğumuz halde.

Mevlana dedik, Mevlana ile bitirelim. Hani Mesnevi'nin ilk beytinde "Dinle neyden kim hikâyet etmede; ayrılıklardan şikâyet etmede" der ya; onu Türkçeye kazandıran 18. asır şairi Nahifi bu beyti şöyle tercüme eder:

> *"Der kamışlıktan kopardılar beni/Nalişim zar eyledi merd ü zeni.*
> *Her kim aslından olur cüda/Rüzgâr-i vaslı eyler mukteda"*
> *"Beni kamışlıktan kopardılar/Feryadım kadın erkek herkesi ağlattı.*
> *Her kim aslından ayrı ve uzak düşerse/Hep vuslat zamanının izinde olur."*

Başta nefsim olmak üzere aslından kopmuş olanlara, koptuğunu düşünenlere soruyorum; aslımıza rücû etme zamanı gelmedi mi?

SONUÇ MU SÜREÇ Mİ?

Soru şu: Efendimiz'in (sallallahu aleyhi ve sellem) Mekke döneminin 13 yıl sürmesi, daha sonraki benzer dönemlerin de 13 yıl süreceğine bir işaret olabilir mi?

Cevabı belli bu sorunun; çünkü halk tabiriyle ifade edeyim "ben beni bildim bileli" Hocaefendi bu soruya farklı veçheleri ile defalarca cevap verdi. Hatta hatırlarım, tarihî ve sosyal açıdan yaptığı bir tahlil, önce gazete manşetlerine, ardından adlî kovuşturmalara uzayacak derecede uzun tartışmalara konu oldu. O tahlilde Hocaefendi'nin söylediği lineer/çizgisel tarih anlayışından uzak bir şekilde "devletlerin ve medeniyetlerin de tıpkı bir insan gibi ömrü olduğu, doğacağı, büyüyeceği ve bir gün gelip öleceği merkezindeydi" ki bu tarihe "döngüsel/helezonik/dairevî tarih" yaklaşımı kabulünün neticesi olan bir tespittir. Ehlinin malumu çizgisel ve döngüsel tarih yaklaşımı sosyal bilimlerde birçok ilmî disiplinin müzakere konusudur.

Her neyse biz sadede dönelim: Hocaefendi'nin bir çay içimi esnasında üç-beş kişinin hazır bulunduğu bir ortamda bu soruya nezaketen verdiği kısa ve özlü cevap şu: "*Böyle bir şey denilemez. Çünkü her şeyden önce insanların önyargıları ve şartlanmışlıkları, eğitim ve öğretim seviyeleri, kültürel anlayışları; beri tarafta temsili yapılan davada rol alan insanların seviyesi, kıvamı, kapasitesi, metotları ve benzeri birçok faktör söz konusudur.*" Başta bilerek sorunun tamamını söylemedim. Soruda Efendimiz ve 13 yıllık Mekke hayatı söz konusu olunca, bahsedilen şeyin İslâm ve onu tebliğ olduğu anlaşılır diye.

Cevaptan da gördüğünüz üzere Hocaefendi meseleyi tek boyutlu olarak ele almıyor. Hem ortaya konan dava, hem onun temsilcileri hem de muhatapları diye en azından üçe ayırıyor ve meseleye bir bütün olarak bakıyor. Bu yaklaşım şaşırtıcı değil. Olan ve olması gereken de bu. Parçacı yaklaşımlar bizi hem meseleleri bütün boyutları ile anlamaktan hem de çözüm bekleyen sorunlara hakiki cevaplar üretmekten uzaklaştırır. Kaldı ki Hocaefendi ve düşünce dünyasına aşina olan herkesin bildiği gibi onun tarihî hadiselere bakışı şu cümlesi ile özetlenebilir: "*Dün ile bugün yaşananlar arasında benzerlikler söz konusudur. Ama hiçbir hâdise ayniyle yaşanmamaktadır. Çünkü hiçbir hâdise aynî olarak cereyan etmez.*" Sebep-sonuç ilişkisini ret ve inkâr etmemekle beraber farklı dönemlerdeki tarihî hadiseler arasında ayniyet veya ayniyete yakın ölçüde benzerliğin imkânsızlığına inanır Hocaefendi ve bunu tarihî maddecilerin yanılgısı olarak niteler.

Aslında gerek ayniyet-misliyet, gerekse tarihî hadiselerin arka zeminini kâle almadan sonuçları ön plana çıkartmak ve mukayeselere girmek sorunlu bir yaklaşımdır. Hira Mağarası dönemi, Habeşistan veya Medine'ye hicret ya da Mekke-Medine devri türü teşbihler, az yapılan şeylerden değildir Müslümanlar dünyasında. Bu bir kenara, soruda olduğu gibi rakamlara kadar inen ve bir hakikatmiş gibi geleceğe ait tarihler verme ve sonra bunların sözü edilen tarihlerde tahakkukunu bekleme çoklarının inandığı şeyler arasındadır. Hâlbuki Hocaefendi'nin de kısa ve özlü cevabında işaret ettiği gibi meselenin birbiriyle bağlı o kadar çok veçhesi vardır ki sebepler planında bunların hepsinin kâmilen bir araya gelmesi ve mazide olduğu gibi neticeler doğurması imkânsızdır.

Çeşitli vesilelerle defalarca ifade ettiğimiz gibi biz bugünü yaşıyor ve geleceği inşa ediyoruz. Ferdî hayatımız için de geçerli bu; içtimaî hayatımız için de. Fakat bu demek değildir ki mazi ile irtibatımız kopacak ya da Ömer Hayyam felsefesi ile günümüzü gün edecek ve gelecek namına bir şeyi nazara almayacağız.

Bu hususta Tevfik Fikret'in Yahya Kemal'e yönelttiği bir itirazı kaydetmek isterim. Tevfik Fikret der ki: "'Harâbisin, harâbâtî değilsin/ Kökün mâzide, âti değilsin." Yahya Kemal buna şöyle karşılık verir: "'Ne harâbiyim, ne harâbâtiyim/ Kökü mâzide olan bir âtiyim."

Doğrusu Yahya Kemal'in yaklaşımıdır. Mazi, ders alınacak bir değerler yumağı, hâl değerlendirilmesi gerekli fırsatlar arenası, gelecek ise bugün ekilenlerin devşirileceği bir zemin olmalıdır. Hocaefendi'nin yaklaşımı ile mazi, hâl ve istikbal zamanın üç ayrı boyutudur ve biz bu boyutlar içinde imrâr-ı hayat eden varlıklarız. Ama bazıları vardır ki zamanı aşmışlardır, "mazi, hâl ve istikbal" onlar için masaldır, zamana manzar-ı â'lâ'dan bakmaktadırlar. Bunlar, başkalarını bilemem ama beni ve benim idrak ufkumu aşan şeylerdir.

Hocaefendi'nin verdiği kısa cevabı Fuat Köprülü'nün enfes bir tarih değerlendirmesi ile temellendirmek istiyorum. Malum bizde tarih denilince genelde anlaşılan hep sonuçlardır, süreç her nedense hiç gündemimize girmez bizim. Hep nasıl'ı konuşuruz biz tarih denilince, niçin ve neden sorularına cevap aramayız. Hâlbuki nasıl sorusuna verilen cevapları niçin ve neden sorusuna verilen cevaplar belirlemiştir. Köprülü bunu şöyle ifade eder: "... Memleketimizde tarih, hâlâ muharebe ve zafer hikâyeleri, hükümdar ve vezirler menkıbeleri, müsaleha-nameler akdi, isyan ve ihtilal vakaları, ricalin katil ve idamı gibi telakki olunuyor; hâlbuki bunlar daha ziyade müstesna ve hakiki kıymetten mahrum şeylerdir."

Pekâlâ, doğrusu ne? Köprülü bunu şöyle ifade eder: "Müverrih, geçmişe ait vak'aların nakl ve yaşatmak istediği cemiyetin, evvela ırk âmilleri, fizikî ve coğrafi çevresinin teşekkülünde yer alan âmilleri, siyasi kuvvetinin saha ve nüfuzunu, aile iktisadiyatını, halk hayat ve teşkilatını, bu teşkilatın resmi iktisat ile münasebetlerini, mülkiyet şeklini, ziraat, ticaret, sanayi, lisan ve edebiyatını, dini, ilmî tekâmülünü, komşu kavimlerle maddî ve manevî münasebetlerinin derecesini vâzıh hatlarla göstermelidir. Eski devirler hakkında tarihî eserler bırakmış ve zamanlarındaki vesikaların, ancak kendi keyif ve heveslerine uygun gördüklerini kullanmış olan eski tarihçilerimiz, içtimaî bir topluluğun asıl hakiki ve tabii hayatını teşkil eden unsurları hiç fark etmemişlerdir..."

İşte Hocaefendi'nin 13 yıllık Mekke hayatının bugün veya yarınki Müslümanlar için aynı şekilde tezahür edip etmeyeceğine "insanların önyargıları ve şartlanmışlıkları, eğitim ve öğretim seviyeleri, kültürel anlayışları; beri tarafta temsili yapılan davada rol alan insanların seviyesi, kıvamı, kapasitesi, metotları ve benzeri birçok faktör söz konusu..." sözleri ile verdiği cevap sadece sonucu değil, sonucu belirleyen ve etkileyen başka faktörleri nazara vermesi bu sebepledir. Öyleyse sadece sonuç değil, sonuçları belirleyen arka plan şartlarına yoğunlaşmak şart. Gerisi kolaycılık olur.

DÜŞMANLARA BORCUMUZ VAR; O DA ÂDİL OLMAKTIR

Yıllar önce Asım Yıldırım'ın "Sen de Başkasına Anlat" isimli kitabında okumuştum. Bir yere not almışım; kendisine mi yoksa başkasına mı ait bilmiyorum. Şöyle diyordu Yıldırım, kabullendiğim, önemsediğim ve not aldığım o değerlendirmesinde: "Söyledim… Duydu anlamına gelmez. Duydu… Doğru anladı anlamına gelmez. Anladı… Hak verdi anlamına gelmez. Hak verdi… İnandı anlamına gelmez. İnandı… Uyguladı anlamına gelmez. Uyguladı… Sürdürecek anlamına gelmez."

Aynı muhtevaya vurgu yapan tespitlerini geçenlerde Hocaefendi farklı cümlelerle ifade etti. Dedi ki: "*Ayarı bozulmuş koskoca bir dünyada insanlığa hizmet için yola çıkmışsınız. Ne kadarına ulaştınız? Ulaştığınız insanlara hangi ölçüde ne anlattınız? Anlattığınız o şeyleri onlar anladı mı? Anladıklarını başkaları ile paylaştılar mı? Hayata geçirdiler mi?*" ve ardı ardına devam eden sorular.

Sizin de dikkatinizi çekmiştir; iki şey var burada. Birincisini söyledik; bizim de içinde bulunduğumuz insanlık gemisinde yüz yüze olduğumuz problemlere çözüm adına, bir başka dille kâinatı bir kardeşlik beşiği haline getirip birlikte yaşama zeminini oluşturma adına ne yaptığımız, nerelere ulaştığımız, ne kadar derdimizi duyurabildiğimiz ve nihayet muhataplarımızın bizi ne kadar anladığı.

İkincisi ise "ayarı bozulmuş dünya" tabiri ile anlatılmak istenen basit ve yalın gerçek. Siz isterseniz zembereği kaymış ya da zıvanadan çıkmış deyin; netice değişmeyecektir, anlatılmak istenen bugünkü mevcut dünya manzarasıdır. Savaşların, kavgaların, ahlâksızlıkların, suçların, ötekileştirmelerin, yok saymaların, zulümlerin ve daha yüzlerce olumsuz kelime ile ifade edebileceğimiz dünya manzarası. Bunun suçlusu da başkası değil bizzat insanın kendisi. Hem de dünya, yaşayacağı tek mekân olmasına rağmen.

"*Karınca hızıyla hareket ediyorsunuz ve bununla tatmin oluyorsunuz.*" dedi ardından Hocaefendi. Düşmanlıklar diyecek oldum. Bir hiç uğruna, ipe-sapa gelmez sebeplerle yapılan saldırılar; vehimlerin, hayallerin, korkuların yönlendirdiği algıların olgu yerine konup bir bardak suda koparılan fırtınalar diye içimden geçirdim. Peşi peşine devam eden sözlerinin arasında derin bir nefes almak için dursa hemen diyecektim bu aklımdan geçenleri ve ilave edecektim; "İşte bütün bunlar rahat çalışma imkânı vermiyor ki! Kendilerini düşman safına koymuş kişi ve grupların yalan, iftira ve tezvirlerle dolu söz ve davranışlarına cevap vermekle vaktimiz zayi oluyor. Şu ana kadar verilen ürünlerden de anlaşılacağı üzere insanlığın hayrından başka bir şey düşünülmeyen projelerin rahatça hayata intikaline fırsat tanımıyorlar." Gerek kalmadı; çünkü peşi sıra söylediği cümleler bu soruların cevabını teşkil ediyordu. Şöyle dedi: "*Bazılarının sizlere yaptığı düşmanlıkları görmemeniz lazım. Yoksa enerjinizi boşa harcamış olursunuz. Doğru bildiğiniz yolda yola devam etmelisiniz.*"

Bu sözleri takiben söylediği şeyler gelecek adına ayrı bir ufuktu benim için. "*Unutmayın; size olan düşmanlıklar gün geçtikçe artacak. Hiss-i rekabetleri, hased sınırına gelip dayanan insanlar olacak. Ben de biliyorum bu işleri deyip halkın kafasını karıştıracak insanlar çıkmaya devam edecek. Aleyhte yapılan propagandalardan etkilenen mütehayyir insanlar "acaba" diyecek. Mevcudiyetinize dahi tahammül edemeyen zındıkaya gelince onlar zaten bulundukları yolda hız kesmeden yol alacak. Ümidiniz kırmak için değil, şok yaşamamanız, bunlarla karşılaştığınızda aşkınıza, şevkinize halel gelmesin diye söylüyorum bunları."*

Neden diyorsunuz? Neden herkesin kendi olarak, kendi kalarak, dinî, millî, cinsî, harsî farklılıkları abartmadan tıpkı Osmanlı döneminde olduğu gibi ne olur yeniden el-ele, diz-dize, gönül gönle birlikte yaşasak diyorsunuz. İç geçiriyorsunuz. Kendi kendinizi yiyip bitiriyorsunuz. İhtimal ki bir tek kelimelik cevabı var bu anlamlı veya anlamsız sorunun; hazımsızlık. Öyle dedi Hocaefendi; "*Hazmedemiyorlar. Ülkenin bir numaralı insanları olarak görmüşler kendilerini. Her şeye kendilerinin vâkıf ve hâkim olduklarına inanıyorlar. Sizi, sizin inanç ve kültür dünyanızı hazmetmeleri çok zor. Halayık iken beylik iddiasında bulunmanızı hatta bey olmanızı kabullenmeleri hakikaten zor.*"

Tarihte de hep böyle olmuş zaten. Efendimiz başta peygamberlerin kavimleri tarafından kabullenmemelerinin altında hazımsızlık yok mu? Kur'ân'ın tabiriyle mele' veya mütrefîn bir güruhun yani kendilerini toplumun efendisi gibi bir pozisyonda görmüş insanların, peygamberler ve onların etrafında halelenen insanlara çektirmeleri bu yüzden değil mi?

Birkaç dakika önce "*Bazılarının sizlere yaptığı düşmanlıkları görmemeniz lazım. Yoksa enerjinizi boşa harcamış olursunuz. Doğru bildiğiniz yolda yola devam etmelisiniz.*" diyerek yol haritası çizmeye başlayan Hocaefendi, haritanın devamında şunları söyledi: "*Mahviyetinizi ortaya koyacaksınız. Bunu sözle değil davranışla yapacaksınız. Çünkü insan kelime ve cümlelerle başkalarını kandırabilir, araya kendisini koyup muhatabını idare edebilir ama davranışlar yalan söylemez. Onlarda aldatma olmaz. Nefyedin kendinizi. Çok tekrar eden mülâhaza ile yapan O* (celle celâluhû)*; bizi bu yolda istihdam eden Rabbimize hamdolsun deyin.*"

Meşhur sözdür; "Dertli söylegen olur." derler. Dertli derdini etrafındaki üç-beş insanla paylaşırken birden ekranda Sûzî'nin şu mısraları belirdi. "Ben de tam bunu söyleyecektim şimdi." dedi. Gelin birlikte okuyalım:

Yağmıyor yağmurlar, bitmiyor lale.
Acep bu halimiz böylemi kala.
Rahmet deryasından gelen bu ile.
Vakitlerde esen yeller perişan!

Ve son sözler bir dua: "*Allah yaptıklarını iman adına yapan mü'minleri maiyyet ve kurbiyeti ile şereflendirsin. İz'an adına (anlayış, feraset) yapanları iz'anlarında derinleştirsin. İnsaf adına yapanların insaflarını artırsın.*"

Pekâlâ ya devamı diyeceksiniz? Ya düşmanlar ya da kendilerini düşman olarak görenler? Var ama dua; beddua değil. Zaten beddua ve tel'ine âmîn dememeyi ilke edinen bir insandan başka ne beklenir ki? Duası şu; "*Allah muradını yar ettiyse, onlara da iman, iz'an, insaf, idrak, basiret, feraset versin!*"

Sözlerimi Merhum Aliya İzzetbegoviç'in hikmet yüklü vecizesi ile bitireyim: "*Düşmanlara borcumuz var; o da âdil olmaktır.*"

BİZİ ANLAYAMADILAR!

Bediüzzaman Hazretleri "Lem'alar" kitabında yer alan meşhur İhtiyarlar risalesinin bir yerinde "Aklımda kalmış." deyip kaynak göstermeden Arapça bir söz nakleder: "Eğer dostlardan ayrılık olmasaydı, ölüm ruhlarımıza yol bulamazdı ki gelip alsın." Sonra da kendi yorumunu ilave eder: "Demek insanı en çok öldüren dostlardan ayrılıktır." Doğru. İnsanı en çok öldüren dostlardan ayrılık. Pekâlâ ya hiç dostu olmama? Şöyle demek daha uygun olur sanırım: Var olan dostların, dost bilinen insanların anlamaması, insanı hangi ölçüde öldürür?

Bediüzzaman Hazretleri kendisi ile birlikte hapiste olmak için can atan ve o günkü idarî sistemin suç saydığı risaleleri okuma suçunu şuurluca işleyerek hapse giren dostlara sahipti. Böylesi bir insanın böylesi dostlarından ayrılığını ölüm diye nitelendirmesi kadar tabii ve fıtrî bir şey olamaz. Pekâlâ; dost bilinen binler, milyonlar içinde yalnız hem de yapayalnız insan hakkında ne düşünürsünüz? Yakın ve uzak dairedeki dostların, aynı kaderi, aynı inancı, aynı düşünceyi paylaştığı insanların kendisini anlamamaları karşısında o insan ne düşünür, nasıl davranır? Sözü uzatmaya gerek yok; şahsen ben

Hocaefendi'nin bu ikinci kategoride yerini alan insanlardan biri olduğunu düşünüyorum.

Bakın anlatayım: Geçen gün üç-beş insanın bulunduğu dar bir dairede otururken başkalarının en genel manada hizmeti anlamamalarından, anlayamamalarından dert yandı. Ben dert yandı diyorum siz isterseniz "Mevcut manzarayı resmetmiş, hakikate tercüman olmuş." diyebilirsiniz. "*Ne içeridekiler ne de dışarıdakiler anladı bizi.*" dedi. Yürekleri dağlayan içli bir ses tonu ile söyledi bunu. Ardından gözlerini bir noktaya dikti ve düşündü. Teselli ve tesliye arayışındaydı ihtimal. Nitekim tahminim doğru çıktı. Raftaki Kur'ân'ına işaret etti ve çoğu zaman yaptığı gibi tefe'ül'e başvurdu. Elde Kur'ân, gözler kapalı, dudaklarda dua ve açılan Kur'ân yaprağı. Şu âyet çıktı: "*İman edip de iyi davranışlarda bulunanlara gelince, onlar için çok merhametli olan Allah, (gönüllerde) bir sevgi yaratacaktır.*" (Meryem 96) Nispeten tebessüm bahşeden bir yüzle Kur'ân'ı kapatırken ağzından şu cümleler dökülüyordu: "*Bizi anlayamadılar.*"

"*Kaç defa düşündüm; insanca bir mektup yazayım diye; yapılan ithamların yanlışlığını, birilerinin oyuna getirmesi ile söylenen sözlerin, yapılan yorumların doğru olmadığını, rencide olan hislerimi insanca kaleme alayım dedim ama Mümtazer Türköne ve Faruk Mercan'ın programının ismindeki gibi "endaze" yok. Güvenemiyorsun. İnsanca hislerle yazdığın şeyleri yıllar sonra bile olsa, hiç akla hayale gelmedik yerlere çekiyorlar; yağcılıkla suçluyorlar.*" Bir müddet durdu ve kaldığı yerden devam etti: "*Sağ-sol, maalesef denge yok; ölçü kaybolmuş. Üslup bozukluğuna kendilerini kaptırmışlar gidiyorlar.*"

O an birisi bana "Anlaşılamamanın verdiği hüzün ve o hüznün neticesi olan acının, ıstırabın maddî izini, eserini insanda görmek mümkün müdür?" diye sorsaydı, benim ona cevabım, başka delil aramaya hacet yok; bak şu simaya derdim. Sadece son hadiseler değil; belki 70 yılı aşkın bereketli bir ömrün biriktirdiği ve sürekli içe akıttığı hüznün dışa yansımasıdır; hatta dışa yansıyan da buzdağının görünen kısımlarıdır derdim. Bir de o hüzün sahibinin hatıralar âlemine dalsan, gerçek derinliği o zaman görürsün ve hayretler edersin; bu acıların, bu ızdırapların içeride tutulması bile insanı Hz. Eyyûb misali sabır kahramanı yapmaya yeter diye de ilave ederdim. Bilmem ki sözün geldiği bu aşamada, "Seni Anlayamadık! Hakkını helal et Hocam!" demem bir mana ifade eder mi? Bir itiraf olarak kabul edilir mi? Daha da ötesi bir mazeret olarak kabullenilip affımıza vesile olur mu? Bilmiyorum? Keşke bilsem!

Siz, bu ara fasılda söylediğim şeyleri düşünedurun ben kaldığım yerden devam edeyim; "*Takılıp kalmamak lazım bunlara.*" dedi her zamanki büyüklüğünü göstererek. "*Bilmemezlik de yapmayalım; görelim bu hakikatleri ama işimize devam edelim. Tavrımızı bozmadan, çizgimizi değiştirmeden, İslâmî karakterimizden taviz vermeden devam edelim. Milletimiz için, dinimiz için, vatanımız için ve bütün insanlık için yaptığımız şeylere hız kesmeden devam edelim. Dua edelim Allah'a ve diyelim ki "İnsanlığın hayrından başka hiçbir şey düşünülmeyen şu hizmetlerin hayata geçirilmesi adına bizlere güç, kuvvet ve cesaret ver Allah'ım!" diyelim.*"

Zihni, kalbi, ruhu, bedeni bu düşüncelerle öylesine dolu idi ki adeta etrafındaki insanların ne dediklerini duymuyor, apayrı bir âlemin zemininde yaşıyor gibiydi. Birisi devreye girdi, bir şey soracak oldu; karşılığı Yunus Emre'nin "Bir ben vardır bende, benden içeru" şiirine atıfla "Beni bana sormayın, ben bende değilem; Bir ben vardır bende; benden içeru" oldu.

Din, iman, millet ve insanlık derdiyle bu kadar hemhal olup farklı bir zeminde imrâr-ı hayat eden bu zata, eğer su-i edeb olmazsa Yunus'un yukarıda bahsi geçen şiirinin devamında yerini alan şu dizeleri armağan etmek isterim:

Tecelliden nasip erdi kimine;
Kiminin maksudu bundan içeru.
Senin aşkın beni benden alıptır,
Ne şirin dert bu, dermandan içeru.

Sizleri hayalen götürmeye çalıştığım sohbet ortamına damgasını vuran cümle sizin de tahmin ettiğiniz gibi; bizi anlayamadılar. Bu söz benim zihnimde ayrı bir kapı açtı. Rivayete göre Bediüzzaman Hazretleri Urfa seyahatine çıkarken en yakınında bulunan talebelerine iki kelimeden müteşekkil aynı cümleyi söylemiş: "Bizi anlayamadılar!"

Tarih tekerrür mü ediyor acaba diye düşünmeden edemiyor insan ve soruyor kendi kendine ne yapabilirim diye. Cevabı basit; derde ortak olmak. Derman arayışında birlikte çalışmak, çabalamak, gayret göstermek. Fiilî veya sözlü ona yol arkadaşlığı, can yoldaşlığı yapmak. Dergâh-ı İlâhînin kapısının tokmağına birlikte dokunmak ve kapıya birlikte vurmak.

Allah bizi, bizi anlayamadılar sözünün muhatapları arasına koymasın? Âmîn.

NİYE YALAN SÖYLÜYORUZ?

"Kültür Müslümanlığı, merasim Müslümanlığı, şeklî Müslümanlık..."

Bunlar İslâm âlemi çapında bizim bugünümüzü bize anlatan ve hepsi de Hocaefendi'nin değişik zamanlarda değişik vesilelerle kullandığı tabirler. İlaveleri de var: "*Metafiziğe kapalılar; determinist mülahazalar bakışlarını bulandırmış.*"

Elimizi vicdanımıza koyalım ve soralım kendimize; yanlış mı? Hangi birimiz yaşaya geldiğimiz dinî hayatı, sahih bilgi, doğru bilgi temeli üzerine oturtmuşuz ki? Hangi birimiz ailemiz veya hocalarımızdan öğrendiğimiz namaz, oruç, zekât vb. ibadetleri daha sonra aslî kaynaklarına inerek tetkik etme, bilgilerimizi kontrolden geçirme ve bu ibadetlerde derinleşmemizi sağlayacak bir yola başvurmuşuz ki? İslâm'ın muamelat hükümlerine ait ilmihal seviyesini aşkın bilgiye sahibiz ki? Hatta kaçta kaçımız ilmihale yani ilmu'l-hâle vâkıfız ki?

Ama sırası gelince büyük büyük laflar etmemizde üstümüze yok. Bilginin İslâmîleştirilmesi mesela! Ehlinin malumu olduğu üzere buradaki bilgi, geleneğin sürekliliği içinde bize intikal eden bilgi değil; aksine Batı dünyasından transfer edilecek bilgidir. İyi ama biz bütünüyle bizim düşünce kodlarımızdan çıkmış, bizim metodolojimizle ürettiğimiz kendi bilgimizi içselleştirebilmiş değiliz ki! Diyelim ki bilgiyi transfer ettik ama hangi Müslüman'la bu bilgiyi İslâmileştireceksin ki? Kültür Müslümanlığı nitelendirmesine hak kazanacak, imanı da, ibadeti de taklit seviyesinde olan ve bir türlü tahkike ulaşamamış hatta tahkik ihtiyacı bile hissetmeyen günümüz Müslümanları ve Müslümanlığı ile mi?

İşte bunları söyledi geçenlerde Hocaefendi "*Şimdi bırakalım bu türlü sözleri.*" dedi. "*Bilgiyi transfere bakalım; çalışma disiplinini, düşünme ve bilgi üretme sistemini öğrenmeye çalışalım.*" Acıdır aslında bir Müslüman için bunları söylemek. Bir zamanlar dünyaya medeniyet öğretmiş, bilginin merkezliğini yapan bir dünyanın şimdilerde bilgi transfer edelim demesi, öğrenmeye çalışalım demesi gerçekten acı ve inciticidir. Fakat realitelerle yüzleşmek zorundayız. Onlar bugün, dün bizim bulunduğumuz, biz bugün onların dünkü bulunduğu yerdeyiz. Terk-i mevki etmiş durumdayız daha anlaşılır bir ifadeyle.

Sohbet meclisinde bulunanlardan bu sözleri yadırgayanlar oldu mu bilmem ama sanki varmış gibi bu düşünceleri temellendirme cihetine gitti Hocaefendi sözlerinin ilerleyen kısmında. Dedi ki: "*Halihazırdaki toplum yapısını, o yapının İslâm ile olan irtibatını görmelisiniz.*" Ardından bu yapıyı öyle bir cümle ile anlattı ki bu cümle vihle-i ûlada çoklarının dudaklarını uçuklatacak cinsten: "*Hz. Ömer'in adalet sistemini getirseniz şimdi; bırakın sokaktaki insanı, camideki insan bile isyan eder.*"

İnsanı gerçekten sarsan, irdeleyen, şoke eden bir tespit bu. İsterseniz sözün burasında bir nebze durup, içimize dönelim ve soralım kendimize; biz böyle miyiz? Cevap; genel manada ve/ya çoklarımız itibarıyla böyleyiz... En basitinden; adalet deriz, kul hakkı deriz ama hac kuralarında torpil yaptırmak -ki bunun manası bir başkasının hak ve hukukuna tecavüz etmek demektir- için her türlü gayreti gösteririz. Böylesi uç bir örnek verdim; çünkü Allah'a ibadet etmede, farz vecibesini yerine getirmede de bunu yapıyorsak, varın gerisini siz hesap edin demek istedim.

Ehliyet deriz, liyakat deriz ama oğlumuzun, kızımızın, torunumuzun işe girmesine sıra gelince, başkasının hak ve hukukunun yenmesini aklımıza bile getirmeyiz.

Trafiğe çıkarız; acelemiz var diye son tahlilde kul hakkının yendiği her türlü hak ihlalini gönül rahatlığı içinde yaparız hatta bu ihlalleri yapmayanları ahmaklıkla suçlarız.

Neden? Düzen böyle. Hemen peşinden belki de vicdanî ızdırabımızı aza indirgemek, bir rahatlama yaşamak için "Düzen sana uymuyorsa, sen düzene uyacaksın." deriz.

Başka misaller vermeye gerek var mı bilmiyorum. O zaman Hocaefendi bu tespitinde haklı değil mi? Kılı kırk yararcasına adaletin gözetildiği Hz. Ömer sistemi veya daha doğru bir isimlendirme ile İslâm'ın adalet anlayışı, hukukun üstünlüğü, kanunlar karşısında eşitlik gibi ilkelerin mutlak manada uygulandığı bir sistemde, o sisteme ilk defa karşı çıkacak olanlar bu hayat tarzını terk etmekte zorlanacak olan Müslümanlar değil midir?

Biz devam edelim sohbete kaldığımız yerden: "*Dış dünyayı bırakın, kendinize bakın. Üstad bu gerçeği görmüş ve talebelerine yaptığı dua cümlesinden belli bir müddet sonra 'sadıkîn' vasfını çıkartmıştır.*" Halk tabiriyle şapka çıkartacağınız bir temellendirme bu.

Daha başka tespitleri de var Hocaefendi'nin aynı istikamette. Mesela Bediüzzaman Hazretleri'nin takva tarifi. Ehemmiyetine binaen aynen aktarayım: "Bu günlerde, Kur'ân-ı Hakîm'in nazarında îmandan sonra en ziyade esas tutulan takva ve amel-i sâlih esaslarını düşündüm. Takvâ, menhiyattan ve günahlardan içtinab etmek ve amel-i sâlih, emir dairesinde hareket ve hayrât kazanmaktır. Her zaman def'-i şer, celb-i nef'a râcih olmakla beraber, bu tahribat ve sefahat ve cazibedar hevesat zamanında, bu takvâ olan def'-i mefasid ve terk-i kebâir üssül-esas olup, büyük bir rüçhaniyet kesbetmiş. Bu zamanda tahribat ve menfî cereyan dehşetlendiği için takva, bu tahribata karşı en büyük esastır. Farzları yapan, kebîreleri işlemeyen kurtulur." Gördüğünüz gibi zaman, mekân ve insan faktörleri başka bir anlatımla arka plan şartları kavramların yeniden tanımlanmalarında nasıl da rol oynuyor.

Sohbet ortamına geri döneceğim; kaldığımız yer, sözün belli bir kıvama geldiği yerdi. İçinde bulunduğu halet-i ruhiye ve söze muhatap olanlar da zaten söylenecek sözler adına yollara Arnavut kaldırımı misali taşlar döşenmesine yardım ediyordu. Söz sultanına kalan, sadece sözü söylemekti. O da söyledi: "*Niye yalan söylüyoruz? Söyleyin bana, kaç insan var milimi milimine hayatı İslâmî esaslara göre yaşayan? Kaç insan var haramdan yılandan-çıyandan kaçar gibi kaçan? Kaç insan var İslâm'ın dertleriyle geceleri uykularını terk edecek kadar dertlenen? Evet, niye yalan söylüyoruz o zaman?*"

Başların yere eğildiği bu ortamı daha fazla uzatmanın manası yoktu ihtimal; onun için şiirin kafiyesini koyup bitirdi. Biz de onunla bitirelim: "*Kabul edelim şu gerçeği; insanımızda manevîyat duygusu azaldı. Pozitivizm ezdi geçti bizi. Materyalizm lehine bir yıkım oldu bizim dünyamızda. Bu yıkımın merkez üssü Anadolu coğrafyası idi. İslâm dünyası bu yıkımın radyoaktif tesirlerinden etkilendi. Merhum Osman Yüksel Serdengeçti "Bir Nesli Nasıl Mahvettiler" diye hikâyesini yazdı bu vetirenin.*"

BİZ Kİ MÜ'MİNİZ ALDANIRIZ ALDATMAYIZ

"Kimin himmeti milleti ise o tek başına millettir." İçinde yaşadığımız küresel dünya ve kullandığımız kavramlar itibariyle bu sözü "Kimin himmeti bütün insanlık ise gerçek insan dolayısıyla gerçek Müslüman odur." diye değiştirebiliriz sanırım. Efendimizin (sallallahu aleyhi ve sellem) bütün insanlığa peygamber olarak gönderilmesi de bu yaklaşımın delilidir diyebiliriz.

Güzel de; bu kim, kim? Bu kimin, kim olduğunu nasıl anlayacağız? Emareleri nedir, özellikleri nelerdir? Siz anlamsız bulabilirsiniz ama bana göre çok anlamlı bir soru bu. Şahsen ben anlamlı bulduğum bu soruya şöyle cevap verebilirim: şahsı, şahsî dünyası, istikbali adına hiçbir şey düşünmeyen, bunu sözleri ile değil bizzat yaşayışıyla, yakın-uzak, dost-düşman çevresinin şehadetiyle isbat eden ve nihayet rüyalarını bile idealleriyle her daim süslendiren insan, himmeti millet, himmeti insanlık olan insandır. O, 24 saatinin her bir saniyesini duyguda, düşüncede ve pratikte kendisini adadığı iyilik, güzellik ve doğruluk adına harcar. Düşünürken onu düşünür, hissederken onu hisseder ve tabii ki ete kemiğe bürünen amelleri de hep o istikamettedir.

Bu söylediklerimi örneklendirme ve temellendirme adına

sizleri yine bir sohbet ortamına götüreyim. Kahvaltı sonrası "gurbette kurbetini" değil "gurbette gurbetini" isteyen üç-beş insan salona girdi. Keşke kurbetini paylaşabilsek, ortağı olabilsek o kurbetin. Heyhat! Bu ayrı bir fasıl. Onun tabiriyle ifade edeyim; geçelim!

"*Kemmiyet planındaki çoğalma ölçüsünde keyfiyet planında derinleşme yok.*" Şimdiye kadar defalarca dile getirdiği bir gerçek bu Hocaefendinin. Ben rahatlıkla diyebilirim, belki 15 yıldır defalarca duydum bu tesbitleri onun ağzından. Dolayısıyla yeni değildi benim için ve zannediyorum onun düşünce dünyasını takip eden insanlar için. Hemen peşinden söylediği şu sözler de yeni sayılmaz: "*Aksine sığlaşma var, içe kapanma var. Böyle bir toplum büyük ideallerin altından kalkamaz. Sabır, cehd, gayret ve uzun zaman isteyen işlerde başarılı olamaz.*" Fakat bütün bunları müteakip sarfettiği bir cümle benim için yeni: "*Bu tip insanlardan müteşekkil toplum "kavga toplumu" olur.*"

Şöyle düşündüm: Ya biraz önce özeti verilen Türkiye haberlerinden ya rüyasında gördüğü bir şeyden ya da kafasına takılan bir hadiseden dolayı bunları söylüyor. Aksi takdirde ne diye böyle başlayacaktı ki sözlerine. Ortada ne bir mevzu ne de bir soru vardı çünkü. Tahmin ettiğim gibi de çıktı; üslup bozukluğuna dikkat çekiyordu yine. "*Samimiyet çok önemli ama muhatapların hissiyatlarına vâkıf olma ve onları zedelememe de en azından onun kadar önemli. Dile getirdiğiniz şeyler makul olmalı ama hitabınız hisleri de hesaba katmalı.*" Beş-on nefes alımı kadar bir müddet durdu ve devam etti: "*Yakın şeritlerde yan yana yol alan insanlar, gruplar buna daha çok dikkat etmeli. Bunlar birbirlerinin hissiyatlarına derinlemesine vâkıf olmalı, münasebet tarzlarını ona göre belirlemeli. Yoksa kavga olur, çatışma olur.*"

Siz bu sözleri alın ve ülkemizde siyasî, dinî, ekonomik, kültürel vb. alanlarda yapılanan grupları merkeze alarak düşünün.

Sanıyorum ne denmek istediğini daha net bir şekilde anlayacak ve örneklendirmeleri de kendiliğinizden yapacaksınız.

Pekâlâ, bunu aşmanın yolu nedir? Hocaefendi, bilgisi, tecrübesi ve ufku ile şu cevabı veriyor: "*Samimi olmalı insanlar; fakat...*" İşte bu "fakat" sonrası söyledikleri günümüze ayna tutması açısından çok önemli: "*Şahsî istikbali adına beklentisi olanların samimi olmaları düşünülemez. Ellerinin tersi ile dünyaya ait her şeyi itecek şekilde milletine, mefkûresine bağlılığı olmayanlar bu samimiyeti gösteremez.*"

Gelin burada ateşten bir kör, bir koz gibi bağrına düştüğü sineyi ılgım ılgım yakacak bu sözleri endam aynası yapalım, aynada hem içimize hem de dışımıza bakalım ve soralım kendimize, herkes sorsun kendisine; biz neredeyiz, ben neredeyim? Sahiden neredeyiz biz? Dünyaya ait beklentilerimizde neredeyiz? Mefkûremiz, milletimiz, insanlığımız adına hangi ölçüde ve hangi seviyede samimiyiz?

Bu ara fasıl bir kenara, yukarıdaki "*Samimiyeti gösteremez.*" cümlesi biter bitmez mecliste bulunanlardan biri 10 yıl öncesine ait bir hadiseyi dile getirdi. Amacı Hocaefendinin de taraflardan biri olduğu o hadisede muhataplarının samimiyetsizliğini vurgulamaktı. Doğruydu söylediği şey. Hadiseyi anlatma değil sadece hatırlatsam, yakın geçmişe şahit olan herkes evet doğrudur diyecek o tesbite. Hocaefendi misafirinin sözlerini kesmeden sonuna kadar dinledi ve dedi ki: "*Biz ki mü'miniz; aldanırız, aldatmayız.*"

Ben anladığımı söyleyeyim; dediğin doğru olabilir ama ben meseleye onun zaviyesinden değil kendi zaviyemden bakıyorum. Yapılan vaadlere, söylenen sözlere aldanmamalıydık! Nitekim hemen peşi sıra söylediği sözler benim yorumumu haklı çıkartacak niteliklere sahip. "*Bir kere yalan söyleyen her zaman yalan söyleyebilir. Bir kere başkalaşan, her zaman başkalaşabilir. Bir kere inhiraf eden, her zaman inhiraf edebilir. Bir kere kandıran, her zaman kandırabilir.*"

Bu sözlerden sonra sizin de tasdik edeceğiniz gibi bir aldanma söz konusuydu. Nitekim bu sözlerinin ardından okuduğu hadis "*Biz ki mü'miniz, aldanırız, aldatmayız.*" sözünü temellendirdi. Hadiste diyor ki Efendimiz (sallallahu aleyhi ve sellem): "Mü'min aldanan bir civanmerttir. Fâcir aldatan bir leîmdir."

O hadisenin üzerinden yıllar geçti. Muhataplardan bazıları ahirete intikal etti. Kim bilir belki de o dönemde yaptıklarının hesabını vermekle meşguller. Ama geride kalanlar adına değişen bir şey yok. Bazıları yanlışlığını kabul edip çark etse de bazıları yanlarına aldıkları yeni takviye güçlerle aynı istikamette imrar-ı hayat ediyorlar.

"Anlatsak mı?" dedi birisi. Acı bir gülümseme ile karşılık verdi ve "*Anlatsan da anlamazlar ki?*" dedi.

Bu söz sıradan bir söz değil; tarihî dayanağı var. Bu Kadisiye'de 120 bin kişilik orduya, Rüstem gibi bir kumandana güvenerek Müslümanlara karşı savaşa çıkan Yezdücürd'e Rüstem'in söylediği bir sözdür. Rüstem ve emsali komutanlar savaş stratejisini yanlış buluyor ve muhalif görüş beyan ediyorlar. Ama Yezdücürd gözü dönmüş bir kişi olarak hiçbirisini kâle almıyor. Savaş Rüstem'i haklı çıkarınca birisi "Anlatsak mı?" diyor krala bu durumu? Amaç, strateji değişikliğine gitmek; çıkmaz sokaktan en az zararla dönmek. Rüstem işte o zaman söylüyor bunu: "Anlatsak da anlamaz ki?" Niye çünkü gözü dönmüş; gerçeklere karşı kapalı; Müslümanları yok etme, tarih sahnesinden silme tek ideali.

Aşağıdaki Nail-i Kadim'e ait şu dizeler "Anlatsan da anlamayanlara" armağan olsun:

Yıkanlar hatır-ı nâşâdımı ya Rab şâd olsun.

Benim için nâmurâd olsun diyenler bermurâd olsun.

BİZ NE YAPTIK?

M. Ali Birand yaklaşık iki ay önce nesiller sonra bile hayret, şaşkınlık ve takdir hisleri ile okunacak iki yazı kaleme aldı. "Neden darbelere destek verdik" ve " AK Parti laiklerin hatasını tekrarlamamalı" başlıklarını taşıyan bu iki yazının ana konusu sistemi yüz yıla yakın elinde tutan siyasi erkin, bürokratik yapının, akademik camianın, ekonomik güçlerin en genel isimlendirme ile halka rağmen devlet anlayışının ideolojik ve fiilî temsilcilerinin yaptıkları hatalardı. Gerçeklerle yüzleşme, vicdanın sesi de diyebileceğimiz bu iki yazıda toplumun müslümanlar, laikler, kürtler, aleviler diye diye nasıl bölündüğünü, hâkim güçlerin ötekileştirme hatta ötekini yok sayma politikalarını ve son tahlilde askerin bu süreç içindeki yerini anlattı.

Tam bir durum tesbiti diyebileceğimiz şu cümleleri bir kez daha onun kaleminden okuyalım isterseniz: "Cumhuriyet'in kuruluşundan itibaren, bu iki geleneksel düşmana karşı sürekli aynı sert yaklaşımı gösterdik. Kendi sistemimizin mühendisliğini yaptık. Bu sistemi oluştururken de bu ülkenin sadece bize ait olmadığını, dindar kesim ve Kürtlerle paylaşmamız gerektiğini hiçbir zaman kabullenmedik. Düşünmedik dahi... Düşünenlerimizi de hapishanelere yolladık. Ne Cumhuriyet'in siyasi sistemini, ne de laik kesimin egemen oldugu ekonomik pastayı paylaştık. "Hep bana-hep bana..." dedik."

Maksadım yazıyı ve muhtevasını özetlemek değil; böylesi cesur bir itirafta bulunduğu için yazarını medh u sena etmek de değil; -kaldı ki Birand'dan önce bu türlü itiraflarda bulunan Hasan Cemal, İsmet Berkan gibi başka yazarlar da var- maksadım bunu bir başlangıç noktası yapıp aynı şeylerin daha doğrusu mazlumiyetlerin, mağduriyetlerin ilgili kesimler tarafından defalarca dile getirilmesine rağmen muhatapları tarafından dinlenmemesi. Bir insanın anne-babası ile görüşmesi, akrabaları ile mektuplaşması gibi alabildiğine basit ve son tahlilde insanî haklarının karşılanmaması. Pandoranın kapağı açıldı artık. Yılların mazlumiyetlerini, mağduriyetleri herkes dile getiriyor. Olmaması gerekip de olanları, yaşanmaması gerekip de yaşananları, çekilmemesi gerekip de çekilenleri ve çektirilenleri her ortamda anlatıyorlar. TV'ler böylesi programlarla dolu; sinemalar bu türlü senaryoların oynandığı filmleri görmeye başladı; gazeteler dergiler çarşaf çarşaf bu dönemlere ait hatıraları yayınlıyor.

Bu sürece dolaylı yolda katkım olsun diye ben de bu perspektiften meselelerin ele alındığı bir sohbet ortamını sizlere aktarmaya çalışacağım. Ortam, Hocaefendinin sohbet ortamı. Çetin kış şartlarında bile olsa her daim bir anne kucağı gibi bağrına aldığı her ruha, her gönüle bahar meltemleri hissettiren, Hızır çeşmesi misali ağızlara kevser gibi içecekler içiren bir zemindeyiz. Arapça شَرَفُ الْمَكَانِ بِالْمَكِينِ "Mekânın şerefi o mekânı şereflendiren insanın şerefi ile ölçülür." özdeyişinde olduğu gibi şerefini mekîn'inden alan bir salon burası. İki elin parmaklarının sayısını geçmeyecek kadar az bir insan topluluğu. Herkes dikkat kesilmiş Hocaefendi'yi dinliyor. O ise ağlıyor ve muhataplarından birine dönüp ismen hitap ederek: "*Biz ne yaptık... Bey! Kitap okumaktan başka ne yaptık? Milletimizin, insanımızın zararına olan ne türlü davranışlarımız oldu?*" Zaten ağlamaya teşne hisleri ile söylemeye başladığı bu sözlerin devamını getiremedi ve ağlamaya başladı. İnanıyorum ki 73 yıllık hayatı film şeridi gibi gözünün önünden geçiyordu. Hiçbir aklî ve mantıkî temele dayanmayan, vehimlerin, hayallerin, paranoyaların ve öz güven eksikliğinin yol açtığına inandığı zulümler, baskıları, işkenceleri hatırlamıştı. Sadece şahsına değil, ülkesinin neredeyse hemen her bir ferdine yapılan bu haksız zulümler onu bir kez daha ağlatmaya yetmişti.

Tabii yaşanılan bu haksız süreçte hak ve hakikati gören insanlar da yok değildi. İşte onlardan bir tanesini anlattı. İskenderun'da askerlik yaparken kendisini cami kürsüsünde dinleyen ve sonrasında sahip çıkan komutanından bahsetti. Emekli olup ayrılırken: "*Korkuyorum, benden sonra bu insanlar sana kötülük yapar.*" diyen komutanından. Bir başka seferde dinlemiştim; aynı komutan "*Seni anlamazlar bunlar ve Hallâc gibi muamele yaparlar.*" demiş.

Bir keresinde askeri cemseye bir şey yerleştirirken ayağı kaymış ve çok şiddetli bir şekilde yere kapaklanmış Hocaefendi. Düşmenin şiddetinden dolayı kaburgaları kırılmış ve kendinden geçmiş. Gözlerini açtığında hastane odasındaymış. Diyor ki: "*Gözlerimi açtığımda hastane odasındaydım. Rahmetli komutanım başını ayaklarımın üzerine koymuş ağlıyordu.*"

Duygu yoğunluğunun bütün salonu kapladığı bu ortamda sizin de tahmin ettiğiniz gibi sözün noktalandığı bu noktada çokları ağlamaya durdu. Ne kadar zaman geçti bilmiyorum; "*Gördüğünüz gibi semer altında ne küheylanlar var.*" sözüyle kendimize geldik. Geldik ama keşke gelmeseydik; çünkü arkasından gelen cümle bizi yeniden hüzne, gama, kedere boğdu. "*Doğrusu*" dedi Hocaefendi: "*Nice mü'minlerden bunun çeyreği kadar iltifat görmedim!*" ve kaldığı yerden, iç geçire geçire ağlamaya devam etti: "*İçimdeki ateş yiyip bitiriyor beni; bu kadar da açılmasam patlayacağım.*" dedi ve başka bir faslın kapısını aralamaya koyuldu. Koyuldu ama bir şeyler bırakmıyordu onu sanki. Sözün başladığı sahilden karşı sahile bir türlü geçmiyordu/geçemiyordu. Durdu, düşündü, düşündü ve devam etti: "*İyiler iyilikleri ile yâd edilir. Allah da yâd edilen bu iyilikleri dua olarak kabul eder. Kötülüklere gelince; onları da yâd etmezsiniz; unutulur gider.*"

Sonra yine durdu "*O dönemlerde devletin en üst kademelerinde görev yapan üç-beş insanı belki sayamayız ama hayatınıza iyilikleri ile mal olmuş insanları unutamıyorsunuz.*" Bütün kalbimle tasdik ettiğim bu tespit üzerinde siz düşünedurun; ben de yazıma son vereyim.

Son sözleri şuydu Hocaefendinin: "*Kendi dünyama dalınca bağrıma hançer saplanmış gibi hissediyorum kendimi.*" Perdeyi kapatan söz ise Necm sûresi 39-42 âyetleriydi: "Şüphesiz ki, insan için kendi çalıştığından başkası yoktur. Çalışmasının karşılığı tam tamına ödenecektir. Elbette son durak Rabbinin huzuru olacaktır."

İÇİMDE DEĞİRMEN TAŞLARI DÖNÜYOR

"*İçimde değirmen taşları dönüyor.*" "*İçimde öyle bir hareret var ki bir yumurtayı koysanız, rafadan olur.*" Aktarıyorum bu sözleri sizlere ama bunların ne manaya geldiğini, nasıl bir ruh halini yansıttığını bilmiyorum. İtiraf ediyorum, bilmiyorum; bilmiyorum zira yaşamadım. Çünkü teşbihlerle ile anlatılmak istenen bu haller yaşamadan anlatılamaz.

"*İnsanlığın derdiyle hemhâl oluyor; işte bunun için mağmum, mükedder veya İslâmî hassasiyeti var demeyin. Kimseyi hafife almıyorum; herkesin kendine göre çektiği bir ızdırap, kaygı, endişe vardır. Ama benim ki farklı. Dolayısıyla bu ruh halimi şahsıma, karakterime, aşırı duyarlılığıma verebilirsiniz. Şunu diyorum; benim bu halim şahsî kemâlâtıma delalet etmez. Bununla beraber ızdırapsız çok insan var etrafta. Daha önceleri dediğim gibi imkânım olsa herkesin gönlüne bir avuç ızdırap koyardım. Izdırap duaların kabulünde çok önemlidir.*"

Ağır ağır, düşüne düşüne ve dura dura konuşuyordu. Sadece ağzından çıkan cümleleri değil, o cümlelerin kelimelerini hatta harflerini saymak isteseniz sayardınız. Sonra birden daha gür bir sesle: "*Şunu unutmayın! Kendini salan insanlardan hiçbir şey olmaz. Bu o insanlar cehenneme gider demek değildir. Hâşâ! Efendimiz kelime-i tevhidi halisen söyleyenlerin cennete gideceğini ifade buyuruyor. Ama cehenneme gitmemek farklı, cennete gitmek farklıdır.*"

Siz ne düşünürsünüz bilmem ama cennete gitmek ile cehennemden kurtulmanın farklı oluşu tespiti çok önemli. Belki şimdiye kadar hiç düşünmedik, fakat bu cümle üzerinde yapılacak fikrî yoğunlaşma ile Hocaefendi'nin ne demek istediğini çıkartmak mümkün. Hedef diyelim ki turistlik bir gezi vesilesi ile Bosna. İnsanı Bosna'ya ulaştıracak patikadan tutun otobanlara; demiryollarından hava yollarına kadar birçok yol ve vasıta var. İnsan bu vasıtalara sahip olduğu imkânlara veya zevkine göre biniyor ve hedefe ulaşıyor. Ulaşma zamanı binilen vasıtaya göre değişiyor. İşte cennete ulaşma da böyle bir şey. Allah-kul münasebetini asgari emirler seviyesinde tutan bir insan cehennemden kurtulabilir ve cennetin en alt tabakasına belki de en uzun zamanda varırken, aynı münasebeti azami seviyede tutan bir başkası daha kısa zamanda varır ve en üst mertebeye çıkabilir.

Yaptığım bu basit tasnifte ikinci sınıfta yer alanlara ait bir misal verdi Hocaefendi. O ızdıraplı insanları merkeze alarak dedi ki: "*Önüne çıkan engelleri birer birer bertaraf ederek gönüllerin O'nunla buluşması istikametinde mücadele eden dertli sineleri cennete koysanız; belli bir müddet sonra sıkıldık biz buradan; çıkalım biraz hizmet edelim derler.*" Sonra bu yorumunu destekleyecek iki kelimelik vurucu bir söz söyledi: "*İşte miraç!*"

Bir arkadaş devreye girdi; bu halin Türkiye dâhil bütün dünyada yaşanan az veya çok sıkıntılardan dolayı olduğu tahmininde bulunarak "Sizinle aynı beslenme kaynaklarına sahip olan, hatta dünyevî hayatlarını bu kaynaklar üzerinde çalışmakla elde eden insanlar neden aynı ölçüde bir derde mübtela değil? Neden siyeri size benzer şekillerde yorumlamaz bu insanlar?" dedi. Sözün akışı içinde çok güzel bir duraktı bu. Çünkü verilen misaller, yapılan yorumlar, çıkartılan sonuçlar son tahlilde hep âyete, hadise ve siyere dayanıyordu.

Soru güzel, durak güzeldi ama sanırım zamanlama hatası vardı. Hissettiğim bu oldu benim. Çünkü soruyu soran arkadaşa derinden derine baktı. O bakışı "Bana yalnızlığımı bir kez daha hatırlattın." der gibiydi. "Bu mevzuda zaten yüreğimden hançer yemiştim; şimdi sen yaralı yüreğime bir daha hançer salladın" diyordu sanki. Nezaketi ve nezaheti soruyu cevapsız bırakmasına müsade etmedi ve dilinin bağını bütünüyle çözmeden soruyu geçiştirir tarzda "*Hayatın içinde değiller.*" dedi. "*Dünü bugün ve bugünü yarınla birlikte göremiyorlar.*" diye de ilave etti. "*Siyer dünü bugün, bugünü yarınla birlikte görmek suretiyle yapılır. Değişen bir şey yok ki? Dünün Ebu Cehil'leri, Ukbe'leri, Şeybe'leri bugün isim değiştirerek karşınızda. Dünün Bedir'leri, Uhud'larını insanlık bugün farklı şekillerde yaşıyor. O zaman siyer okurken, onun felsefesini yaparken, onu bugüne taşırken bir adaptasyon mülahazanız olmalı. Yoksa bir sonuca varamazsınız.*" Sonra çok daha önemli bir tesbitte bulundu: "*Yaşadıkları ortamı normal görenlerin üretkenliği olmaz.*"

Birer cümlelik, eskilerin sehl-i mümteni denilen tarzda çok kolay söylenen sözler bunlar ama muhtevaları oldukça derin. Dinî, tarihî, psikolojik ve sosyolojik açıdan derin tahliller yapılabilecek tespitler. Belki de içinde bulunduğumuz duraganlığın, vurdumduymazlığın sebepleri bunlar. Olaylar karşısında pes etmişliğin, iradenin hakkını veremeyişin, özne değil nesne oluşun göstergeleri. Hâlbuki Allah insanoğlunu nesne değil özne olarak göndermiş. Olayların akışını kontrol etsin, tarihe yön versin demiş. Onun için halife ünvanını vermiş.

Devam etti Hocaefendi: "*Mazi ile irtibatı sıkı tutarak geleceği inşa etme şarttır. Yahya Kemal'in "Kökü mazide olan âtiyiz."*

benzetmesi ile anlattığı şey bu. Kökten ve kökenlerinden kopanlar hâle de istikbale de yenik düşerler." Doğru değil mi? Yusuf Kaplan geçenlerde yayınlanan enfes yazısında "Gelecek öngörülmez; inşa edilir" diyerek aynı noktaya parmak basmıştı.

Konuşmak sıkıntı veriyordu kendisine. Nefes alma miktarı bile olsa verilen her arada kendisine "*İçimde değirmen taşları dönüyor.*" dedirten düşünce dünyasına dalıyordu. Ama fıtrat-ı sâniye olmuş nezaketi, şahsiyetiyle bütünleşmiş karakteri salonda var olan üç-beş misafiri terk etmeye müsade etmiyordu. Bir müddet daha oturdu ve şu cümlelerle sözlerini mühürleyip kalktı: "*Dikenler içinde yaşayıp rüşeyme durmuş ve başağa doğru yürüyen nice güzel insanlar vardır. Allah'a dua edelim; iyilerin önünü açsın.*" Âmîn.

BARİ BİR DUA!

Her şeyin bir vakti vardır ve o şey vaktinde yapılırsa bir mana ifade eder. Susuzluktan çatlayan bir hayvana öldükten sonra su vermek ne mana ifade eder ki? Namazın bir vakti vardır; vaktinde kılınırsa namaz "eda" adını alır ve insan sorumluluktan kurtulur. Vakti geçtikten sonra kılınan namazın adı "eda" değil "kaza"dır. Sorumluluktan kurtulup kurtulamadığımız ise hakiki manasıyla ötede belli olur. Başka bir anlatımla, hüsûf ve küsûf namazları ay ve güneş tutulması esnasında kılınır. Çünkü güneş ve ay tutulması bu namazların vaktidir.

Bu örneklerle bir yere varmak istiyorum; musibetler duanın hususi vakitleridir. Hususi derken kasdım; insan, hayatının her bir saniyesini, her bir salisesini dua ile geçirebilir; o ayrı mesele; ama musibetler, sebepler üstü münacatın adı olan duaya öncelik verilmesini gerektiren zaman dilimleridir.

Musibet ve dua zaviyesinden içinde yaşadığımız zaman dilimine global bir gözlükle bakıldığında şunu demek mümkündür o zaman; insanlığa ve özellikle İslâm dünyasına musallat olan musibetler öylesine çok, öylesine her yeri kaplamış ki 24 saatin 24 saatini de "dua vakti" deyip dua ile değerlendirsek sezadır.

Bunlar öylesine büyük musibetler ki ne bir ferd olarak benim, senin, onun ne de maddî güçlerini birleştirseler de umumi olarak Müslümanların bunları aşması, şeytani oyunların üstesinden gelmesi imkân dâhilindedir. Bunları aşmak ve sahil-i selamete çıkmak ancak ve ancak Müsebbibu'l-esbab olan Allah'ın havl ve kuvveti ile mümkündür. Suriye'de yaşanan insanlık dramını, Somali'de, Kenya'da, Uganda'daki kıtlık felaketini nasıl aşacaksın? Türkiye'de hayatın dört bir yanında yaşanan onca olumsuzluklara fert olarak nasıl "hemen" çözüm bulacaksın?

İşte bütün bunlar bizi inanan insan olarak sebeplere riayetle birlikte duaya sevk eden, sevk etmesi gereken hakiki âmiller değil midir? Biz bütün bunların Allah'a karşı sergilenecek hakiki kulluk tavrıyla aşılacağı inancında değil miyiz? Aynı istikametteki soruları uzatmaya gerek yok; çünkü cevabı belli bu soruların. İmanın tadını tatmış her Müslümanın bu sorulara vereceği cevap bellidir ve aynıdır; âmennâ.

İyi ama âmennâ diyerek iman ettiğimizi haykırdığımız bu mesele karşısındaki tavrımız nedir? Madem inanıyoruz, neden dua yapmıyoruz? Dikkat edin bu benim sorum; Hocaefendi'nin aynı yerde sorusu ise daha farklı; "*Madem inanıyorsunuz, neden dua ederken çatlayıp ölen kişi yok aranızda? Sabahlara kadar yana yakıla dualarla gecelerini tüketen, ağlamaktan ciğeri kavrulmuş, gözyaşı pınarları kurumuş sima göremiyorum?*"

Utanarak da olsa, sıkılarak da olsa cevabını ben vereyim müsadenizle bu soruların; çünkü biz inanmıyoruz. İnanıyoruz desek de inanıyoruz gözüksek de yukarıdaki paragraflarda olduğu gibi bu inancımızı kâğıtlara döksek de hakiki manada inanmıyoruz; inansaydık sorularla işaret edilen yerde olurduk. Hakiki manada inansaydık dünyanın dört bir yanında zuhur eden ve her gün bunlara bir yenisi ilave edilen problemler karşısında dua, dua dua der inlerdik. Tıpkı kendisinin inlediği gibi.

Farkındayım; siyah beyaz mantığı ile yaklaştım hadiseye. Doğrudur; çünkü bir şey ya siyahtır ya da beyazdır bazı meselelerde. Ortası yoktur; gri tonlar bulunmaz orada. Bu meselede de böyle. Madem inanıyorsun duanın gücüne; amelinle onu isbat edecek, inandığını göstereceksin. Aksi hâlde inanmıyorsun demektir inanman gerektiği ölçüde.

Sebepler planında beşer olarak alınacak önlemler bir tarafa, sebepler üstü bir güçle yani ancak Allah'ın havl ve kuvvetiyle aşılacak bir problem geldi huzura. Aslında daha önce de gelmiş o mesele. Karar aşamasına gelindiği için tekrar gündeme geldi. "*Herkes dua etsin demiştik ama ediyor mu acaba?*" diye sordu salonda bulunanlara. Kısa bir sessizlik oldu; ne evet ne hayır cevabı yükseldi salondan. "*Istırabını duyacaksınız ki edesiniz.*" dedi ve ses tonunu yükseltip bir ülke ismi soyleyerek "*Orada bir zamanlar var olan bir problem karşısında tam 5 yıl ağladım ben. Otururken ağladım, ayakta iken ağladım, yürüme bandına bindim ağladım, indim ağladım. O imkânların bizlere sunulması Allah'ın bir lutfuydu. Hata yapıldı; ama hakkımız yok ki? Şakası yok bu işin.*"

Meşhur sözdür; zirvelerde kar-bora-fırtına çok olur derler. Alın size yeni bir fırtınalı zemin; hem de hava günlük-güneşlik iken. Haydi, tutunun bakalım o zirvede, bu kar bora fırtına atmosferinde şimdi.

"*Bari bir dua!*" sözleri bozdu kısa süren sessizlik ortamını. Bir daha, bir daha "*Bari bir dua!*" seslerini duydu salon. "*Benim ağzımın tadı kaçtı. Dersi kesip kalkıp içeri gidesim geliyor. Kalkın gidin hâcet namazı kılın ve şu büyük musibet için gözyaşlarınızla birlikte dua dua yalvarın.*"

Buraya kaydedip etmemede tereddüd ettim bir an ama devamını da söyleyeyim: "yarı şaka yarı ciddi" dedi önce ve ardından "*Geceleri kalkmayan, gözyaşları ile yalvarmayan gelmesin bu salona.*"

Biz bu manzaranın yaşandığı gün tefsir dersinde Hz. Musa'nın Mâide sûresinde anlatılan vakasını okuyorduk. Orada kavmi diyor ki Hz. Musa'ya: "Sen ve Rabbin git savaş; biz burada oturuyoruz."

Bu hadiseden sonra uzun uzadıya düşündüm, duaya, duanın yaptırım gücüne inandım deyip inandığımızı geceleri kalkarak, yana yakıla, gözyaşlarıyla yaptığımız dualarla göstermeyen, gösteremeyen bizler acaba Hocaefendi'yi dua da yalnız mı bırakıyoruz dedim kendi kendime. "Bari bir dua" nidaları onun için miydi acaba?

Bitirmek istiyorum ama bir şey daha ilave edeyim; böyle bir çıkış olur bugünlerde diyordum ben. Hatta daha öte, "hastalanıp yatağa düşmese" temennisinde bulunuyordum. Çünkü 1979'da Rusya'nın Afgan işgali sırasında yataklara düşmüştü anlatılanlara göre. 20 Ocak Azerbeycan katliamında Müslümanların hunharca öldürülmesi esnasında İzmir Hisar Camiinde bayılmıştı; "*Bir dua ile olsun kardeşlerinize yardıma koşamaz mısınız?*" sözlerini söylerken. 1992 de bizzat yaşadım; Bosna katliamında günlerce yataktan kalkamadı yaşadığı ızdıraptan dolayı. Yakınlarda cereyan eden Pakistan depreminde aynı manzarayı yaşadık aynı iniltileri duyduk. Şimdi de Suriye vardı. Zaten bana "keşke yatağa düşmese" temennisinde bulunduran da işte bu Suriye olaylarıydı. "Bari bir dua" serzenişinde hem Suriye hem de bahsini ettiğim olay başat rolü oynuyordu.

Yukarıda bir daha, bir daha "bari bir dua!" seslerini duydu salon" dedim. Salon duydu; doğru ama salondakiler duydu mu acaba? Siz de bu yazıyı okumakla salona dâhil olduğunuzun farkındasınızdır umarım.

UZAKLIĞI AŞMA VE YAKIN OLANA KAVUŞMA

İman gibi bir ortak paydası olan insanlar bir ve beraber olmak için başka ortak paydalara ihtiyaç duyar mı? İslâmi öğretiler duymaması gerektiğini söylüyor; çünkü İslâm, dil, ırk, cins vs. insanı insandan ayıran bütün özellikleri iman potası altında eritiyor. Eritmemiş olsaydı, kabile mensubiyetinden mesleğe kadar uzanan farklılıkları gerektiğinde yıllar süren savaş sebebi yapan Arap cahiliyyesinden ebedlere kadar insanlara örnek olacak asr-ı saadet toplumu çıkar mıydı? Dünün bedevi Arapları Bediüzzaman Hazretlerinin yaklaşımı ile bütün insanlığa medeniyeti öğretecek muallim seviyesine yükselir miydi?

İyi ama böylesi bir inanca ve mirasa sahip olan biz günümüz Müslümanları, bu hakikatin ne derece farkındayız; hangi seviyede bu öğretileri hayatımıza taşıyoruz? Cevap; malesef menfî. İster devletler, ister cemaatler, isterse fertler hangi seviyede meseleyi ele alırsanız alın, netice değişmiyor. Her üç seviyede bazı istisnaların varlığı maalesef genel manzarayı ve menfî dediğimiz neticeyi değiştirmiyor.

İşte yine ders halkasındayız ve işte yine her ne zaman bu mesele açıldığında söz ummanında yüzmeye duran Hocaefendi var karşımızda. Neden? Çünkü bu mesele hem Müslümanların, hem Müslümanlığın hem de insanlığın bugün ve yarınki kaderini alâkadar eden ciddi ve büyük bir mesele. Hocaefendi ise bu büyük derdi derd edinmiş dertli bir insan. Dertli söylegen olduğuna göre, o konuşmayacak da kim konuşacak? Şöyle bir teşbih ile de yaklaşabiliriz buna; Hocaefendi bu derde âşık olmuş iflah olmaz bir âşık. Maşukunu görünce aşığın dilinin bağı çözülüyor ve söz ummanlarının içine iradi olarak dalıyor.

Önce vakıayı tesbitle işe başladı. Rasyonel adımlar atabilmek için şart bu türlü bir başlangıç. Fiili durumu esas alacak ve ona göre tedaviye tasaddi edeceksiniz zira. "*Benim tekye ve zaviyelerde yetiştiğim dönemlerde birbirlerini çekememezlikler vardı tarikatlar arasında. Hiss-i rekabet oluşmuştu kendi aralarında nasıl olduysa. Üstad o dönemde böylesi bir rekabet alanı içinde girmemiş. Girseydi, tarikat dairelerinin dışında yerini alan % 80'e ulaşamazdı. Girseydi, birbirleri ile çatışan taraflardan biri olur ve yol yürüyemez, mesafe kat edemezdi.*"

Bir arkadaş devreye girdi: فَاسْتَبِقُوا الْخَيْرَاتِ (Bakara, 2/148; Mâide, 5/48), وَفِي ذَلِكَ فَلْيَتَنَافَسِ الْمُتَنَافِسُونَ (Mutaffifîn, 83/26) âyetlerini hatırlattı. Aslında mevzu netti; çünkü âyetler hayırda yarışı emrediyordu yoksa hayırda yarışırken birbirinize rekabet edin, hased edin, düşman olun demiyordu. Ama yarışın tabiatı rekabeti gerektiyorsa -ki gerektiyor- bu rekabeti nasıl aşmalı? Şahsen sorunun bu eksende sorulduğunu düşündüm. Hocaefendi de tamamlanmayan sorudan bunu anlamıştı; çünkü cevap bu istikametteydi. Dedi ki; "*Tenâfüsün (yarışın) bir ucu hasede dayanır. Bence tenâfüsü şöyle anlamak lazım; bakın bu iman ve Kur'ân hizmetinde bulunan arkadaşlarımız, kardeşlerimiz Allah'ın rızasını kazanacak işler yaptılar. Bizim bunlardan ayrı kalmamız, cüdâ düşmemiz doğru olmaz. Madem onlar yapıyor biz de yapalım. Eğer böyle düşünür, inanır ve çalışırsanız hem hasedlere girmez, hem de yaptığınız işlerde bereket bulursunuz.*"

Sonra İzmirli yıllarda yaşadığı bir hatırasını anlattı. Bornova'da yatsı namazlarında yaptığı irticâlî soru-cevap sohbetlerinin birinde bir başka camianın şeyhinin yapmış olduğu hizmetleri anlatmış ve hakkında hüsn-ü şehadette bulunmuş. Hocaefendi'yi yakından tanıyanlar için çok sıradan, âdiyattan bir şey bu; çünkü hayatının her bir döneminde İslâm'a küçücük dahi olsa hizmeti geçmiş herkesi ayakta alkışlayan, gıyaplarında söz ettirmeyen bir insan o. Kaldı ki bir camianın şeyhi olacak ve aleyhinde konuşacak; imkânsız bir şey bu.

Camide 500 km'lik bir mesafeden arkadaşların teşvikiyle vaaz ve sohbeti dinlemeye gelmiş ve konuşulan şeyhin camiasına mensup bir mürid varmış. Hayretler içinde dinlemiş cevabı. Çünkü "Hocaefendi şeyhimizi sevmez, aleyhinde konuşur." türünden şeyler duymuş daha önce başkalarından.

Aradan bir hayli zaman geçmiş; ikinci bir gelişinde İzmir'e benzer bir hadise daha yaşanmış yine aynı camide. Kutuya atılan soruların rastgele seçilerek cevaplandığı bu sohbet, o müridde şu kanaatı oluşturmuş; "Bu bana yönelik bir mizansen olamaz. Sorular rastgele; cevap aynı cevap, benim o camiaya mensup olduğunu bilen yok; bu sohbete geldiğimi bilen yok; binlerce insan arasında bir ferdim. Demek ki bu yaklaşım Hocaefendi'nin gerçek düşüncesi; samimi hissiyatı." Sonra o gün bugün maddî-manevî desteklerini esirgememiş.

Yıllar sonra kendisine bizzat bu işin kahramanı tarafından anlatılan bu hatırayı anlattıktan sonra dedi ki Hocaefendi: "*Ne olur dine, imana hizmet eden o kardeşlerinizin hizmetlerini takdir etseniz? Ne olur onları sevdiğinizi gıyaplarında ifade etseniz? Riya değildir bu, süm'a değildir. Aksine Efendimiz'in beyanı ile teşvik edilen bir davranıştır. İşte delili; Efendimiz'in huzurunda bir münasebetle arkadaşını sevdiğini söyleyen sahabiye Efendimiz: "Git bunu onun yüzüne ifade et." buyuruyor.*"

Yazının başlığına "Uzaklığı Aşma Yakın Olana Kavuşma" dedim. İman ortak paydası etrafında toplanan Müslümanlar dünyanın neresinde olursa olsunlar birbirleri ile o kadar yakınlar ki, karşılıklı sevgileri, münasebetleri ile bu yakınlığı daha yakın hâle getirecekken, aksine uzaklaşıyorlar. İradî veya gayr-i iradî davranışlarımız nedeniyle bizzat kendimizin sebebiyet verdiği bu uzaklığı aşmamız ve zaten yakın olana kavuşmamız şart. Yapılan hizmetlerde bereket bulmak buna bağlı. Muvaffak olmak buna bağlı. Sahabe-i kiram misali buhranlar içinde kıvranan Müslüman dünyasına ve bütün insanlığa huzuru ve saadet iklimleri üfleme, medeniyet hocalığı yapma buna bağlı.

Çokları şimdi biz yapıyoruz ama karşılığını göremiyoruz diyecek belki? Görmesek de yapmak lazım. Mahlûk görmese de Hâlık görüyor zira. Bu dünyanın bir de ukbâsının olduğu, Hz. Muhammed'in (sallallahu aleyhi ve sellem) kaptanlığını yaptığı gemide yerlerini alan yolcular olduğumuz gerçeği hiçbir zaman unutulmamalı. Meşreb sevgisi bizi taassuba sürüklememeli. "*İnhisâr-ı fikir tahabbüb-ü nefisten gelir.*" diyor Hocaefendi. Siz bu cümleyi isterseniz "İnhisâr-ı meşreb tahabbüb-ü nefisten gelir." diye okuyun. Yanlış kim yaparsa yanlıştır. Yanlışı müdafa etme belki yanlıştan daha büyük bir yanlıştır. Yanlışı müdafa için harcayacağı enerjiyi onu düzeltmeye harcasın.

Bir hadis; "Nefsim kudret elinde olan Allah'a yemin ederim ki; sizler iman etmedikçe cennete giremezsiniz. Birbirinizi sevmedikçe de iman etmiş olamazsınız." Başka söze hacet var mı?

AÇILIM VE IZDIRAP

İkindi'de oradaydım. Sordum nasıl havası diye namaz öncesi bir arkadaşa. "Sabah ders zehir oldu ağabey; çok gergin." dedi. Zaten başka türlü bir cevap beklemiyordum. Çünkü o sabah Hakkâri Çukurca'dan gelen biri binbaşı 12 tane şehit haberiyle sarsılmıştı bütün Türkiye. Türkiye'ye, şehit ailelerinin evlerine düşen ateşin, buraya düşmemesi düşünülemezdi. Daha geçenlerde Diyarbakır Silvan'daki 13 şehit hadisesinde aynı atmosferi yaşamıştık. Daha açık ifadeyle son bir ayda verilen 46 şehit haberinin hemen hepsinde aynı manzara hâkimdi burada.

Merdivenin basamaklarını ağır ağır çıkarken biraz sonra karşılaşacağım manzarayı düşünüyordum. Eğer ders halkasının başına oturma gücünü kendinde bulabilirse birazdan hüzün ile ıstırabın bütün ağırlığı ile kendisini hissettirdiği bir sima ile karşılacaktım. Söze başlamadan önce yine gözler kapalı, dudaklar dua ile mırıldanacak; belli bir müddet sonra gözler açılıp halkada bulunan herkes tek tek nazardan geçirilecek; söze başlangıç makamından yine şehitler mevzu bahis edilecek ve yine dua, dua, dua denecek.

Nitekim sabah dersinde dua, dua, dua denmiş. İfadeleri aynen şöyle: "*Kâfirler, kâfir olmanın gereğini yapıyorlar da acaba*

Müslümanlar Müslüman olmanın gereğini yapıyorlar mı? Müslüman kardeşinin çektiği acı ve ızdırap karşısından mesela senin evinin yolunu karıştırdığın hiç oldu mu?"

Kâfirin kâfirliği, müslümanın müslümanlığını yapması, bir başka ifadeyle inançsızlık veya inancın gereğini kemaliyle yerine getirme. Bu bir. İkincisi ise duyulan üzüntüden, o üzüntünün ıstıraba çevrilmesinden hareketle insanın evinin yolunu unutacak sürede de olsa şuurunu yitirmesi; her gün gittiği yolu unutması. Bir ölçü bu. Siz spesifik bu örneği kaldırıp başka bir örnek verebilirsiniz. Burada önemli olan o ızdırap halinin insanı sürüklediği yere işaret ediliyor ve çoğu zaman tekrar ettiğimiz gibi "Siz neredesiniz?" deniyor.

Sonra devam etmiş Hocaefendi: "*Bu sıkıntıların hallolması için dua edenler belki vardır aranızda ama duaların umumiyet kesbetmesi lazım. Sizden şahsım adına dua etmenizi istemiyorum ama bu sıkıntılar için ne olur çok dua edin…*"

Gördüğünüz gibi benim biraz sonra yaşanacağını tahmin ettiğim manzara sabah yaşanmış; şimdi ikinci fasıldayız. Nitekim öyle de oldu. Hayalimde canlandırdığım manzara -fazlası var, eksiği yok- aynıyla gerçekleşti. Keşke o anı bir fotoğraf makinasıyla görüntüleyebilseydik. Özellikle "zoom" yapıp yüz hattını bütün derinliği ile yansıtabilseydik sizlere. Fazla söze hâcet yok; fotoğraf konuşuyor diyecek ve gözyaşlarınızın eşlik ettiği dua yolculuğuna kendiniz salacaktınız.

Duası bittikten sonra tek tek süzdü herkesi ve "*Hepsinin çoluk-çocuğu var, anne-babası var.*" diye söze başladı. Durgun, olgun ve süzgün bakışlarını çevrede dolaştırdı: "*Herkes kendine göre hareket mi ediyor, bilemiyorum. Bir türlü ortak akıl işlettirilemiyor bu mevzuda.*" dedi. Dura dura, düşüne düşüne konuşuyordu. Ağzından çıkan sözleri kelimesi kelimesine not alabileceğiniz bir zaman aralığı vardı. Sonra gözlerini salondaki bir eşyaya odakladı; bir şeyler düşündüğü kesindi. "*Açılım dendi; projelerden bahsedildi; konuşmalar yapıldı, yazılar yazıldı, brifingler verildi ama ihtimal güven vermedi ve geldiğimiz yer meydanda.*" dedi.

Bu işin maddî boyutu. Projenin makuliyeti; muhatapların ikna edilmesi; gerekli adımların zamanında atılması vs vs. Ama sonrası daha önemli. Önemli çünkü belki çoklarımızın hiç düşünmediği bir nokta burası. Hocaefendi farkını yansıtan bir düşünce çünkü. "*Kime emanet?*" dedi önce. Ne demek istediğini tam anlayamamıştım. Projeden bahsederken "*Kime emanet?*" derken kasdı neydi? Başka bir mevzuya mı geçmişti yoksa hâlâ projeyi mi konuşuyordu? Meğer projeden bahsediyormuş ve onun sorumluluğunu alan insan ve insanları kasd ediyormuş. "*İnsanlığın irşadı demek bu mesele. İnsanlığın irşadı ise peygamberane vasıflar ister.*" Şimdi anlaşılmıştı. Açılım projesi yılların ihmallerini izale etmek için ortaya konan siyasi bir proje değilmiş demek ki Hocaefendinin bakış açısına göre. Bana yukarıda Hocaefendi farkı dedirten husus da işte bu yaklaşımı oldu zaten. Ona göre proje, bir zamanlar peygamberlerle temsil edilen irşad imiş, emr-i bi'l ma'ruf, nehy-i an'il-münker imiş, davet imiş. Sonra peygamberlerin ortak beş özelliğini sayarak devam etti: "*Tebliğ, emanet, sıdk, fetanet ve ismet.*" Anlaşılan o ki, bu vasıflara hakkıyla layık olan, kemaliyle onları temsil eden insanlar olmadığı müddetçe bu iş zordu.

Vakit ilerliyordu; derse geçme zamanı gelmiş ve geçiyordu; bir dua ile bitirdi: "*Allah bizlere bizleri aşan istidatlar lutfeylesin ve ardından onları kullanma akıl, basiret ve idrakini ihsan buyursun. Ferdî çabalarla bu problem aşılmaz. Akıl, fetanet, onun yanında kalb ve gönül ister bu iş. Müşterek aklın oluşturulması gerekir.*"

Salonda bulunanlar bu duaya âmîn derken elektronik levhada karşımıza Ziya Paşa'nın şu meşhur terkib-i bendi çıktı:

Eyvah bu bâzîçede bizler yine yandık,
Zîra ki ziyan ortada bilmem ne kazandık.

Herkesin kalb gönül, akıl, idrak, basiret dünyasında değerlendireceği sözler bununla bitti. Sağında bulunan talebesine kafası ile başla işareti verirken ağzından dökülen son cümle şuydu: "*Yapmış olduğu her hamlenin ardından alnının terini silecek ızdırap insanlarına ihtiyaç var.*"

Artık dersteyiz…

ANLATMAYIN!

Bir yazıda Hocaefendi'nin; "*Hz. Ömer'in adalet sistemini getirseniz şimdi; bırakın sokaktaki insanı, camideki insan bile isyan eder.*" sözünü aktarmıştım sizlere. Kültür veya onayını Kur'ân ve sahih hadisten almayan gelenek Müslümanlığının hayatımıza hâkim oluşu söyletmişti bu sözü Hocaefendi'ye.

Geçenlerde hemen hemen aynı mevzu üzerinde bir başka konuşmasına şahit oldum. Mesele yine toplumda kabul gören İslâm anlayış ve uygulamasının, bir zamanlar Efendimiz ve sahabe ile temsil edilen asr-ı saadet İslâm anlayışından ne kadar uzak olduğuydu. Bu sohbeti bir öncekinden farklı kılan, müşahhas örnekler vermesi oldu Hocaefendi'nin. Üst üste tam dört örnek verdi. Topluma mal olmuş ve çoklarımızın gerek ferdî gerekse içtimaî hayatımızda "din" diyerek, "dinî" diyerek tatbik ettiğimiz örneklerdi hepsi de. Bu satırların yazarı dâhil hepimizin "Ne kadar sahih, hangi âyet ve hadise dayanıyor, 15 asırlık gelenek içinde dayandığı yer nedir?" diye sormadan uyguladığımız amellerdi bunlar. Onca yıllık ilâhîyat tahsilime, fıkıh başta İslâmî ilimlerle iştigalime rağmen bu dört uygulamadan ikisini ben de hiç düşünmemiştim şimdiye kadar. Onun için kendimi de dâhil ettim sürecin içine ve "Bu satırların yazarı da..." dedim.

Yazının başlığını "Anlatmayın!" koydum; çünkü anlatmayacağım sizlere bu dört ameli. Neden? Çünkü konuşması bittiğinde: "Gündeme getirmemiz doğru olur mu bunları?" dedim kendisine. Hiç düşünmeden cevap verdi: "Hayır, doğru değil." Nedenini sanırım merak etmiyorsunuzdur; çünkü yukarıda açık-seçik ve net olarak ifade ettim; toplum bu türlü şeyleri kabule hazır değil. Gelenek Müslümanlığı etrafını sarmış ve sarmalamış. Çepeçevre sarmalandığı atmosferin dışına da çıkmıyor; çıkamıyor bizim insanımız; çünkü düşünmüyor; sorgulamıyor yaptığı amelin ne kadar sahih, ne kadar dinî olduğunu.

Biliyorum çok merak ettiniz o amelleri ama anlatmayın dendiğini için özür dileyerek kaleme almayacağım bunları. Bunun yerine sözün devamını anlatacağım sizlere. Teferruat sayılabilecek ve zaman zaman da teferruat olmasına rağmen kavgası verilen bu ameller yerine asıl mücadele edilmesi gerekli olan noktaya parmak bastı devamı dediğim sözlerinde Hocaefendi. Dedi ki: "*Asıl olması gereken, insanımızda uyarılması gerekli olan şey İslâmi aşktır, şevktir, heyecandır. Bizler bunları bir kenara bırakmışız da Müslümanlığımızı şekle emanet etmişiz.*"

"*Teferruatın kavgasını veriyoruz.*" derdi eskiden beri bizlere bu türlü mevzular açıldığında. Dikkat ederseniz aynı şeyi söylüyor. Öncelikler-sonralıklar sıralaması yapamadığımızı iş'âr ediyor. Hâlbuki dünyevî hayatımızda çoklarımız bunu mükemmel bir şekilde yapıyor. Gerek gündelik yaşam, gerek iş hayatımıza ait plan, gerek akademik çalışmalarımızda neyi, ne zaman yapacağımıza dair öyle planlamalar yapıyoruz ki çokları hayretlerini ifade ediyor. Zira elde edilen başarıların arkasında yatan sır, işte bu planlama. Pekâlâ, aynı mantığı neden dinî değerlerin hayatımıza hayat kılınmasında göstermiyoruz? Cevabı bende yok bu sorunun.

Sözün geldiği bu aşamada birçok defa dile getirilen bir hakikatten söz edelim. İslâm, Kur'ân, sahih sünnet, gelenek ve zamanın ruhu okunarak geleneğin gerektiğinde yeniden üretilmesi ile hayatımıza taşıyacağımız manzumenin adıdır. Burada zikrettiğim gelenek, "geleneksel Müslümanlık" diye piyasaya mal olan tabirdeki gelenek değil, 15 asırlık İslâm tarihinin tamamına mal olmuş uygulamalardır. Geleneksel Müslümanlıkta ki gelenek, menşeini Kur'ân ve sahih sünnet yerine örf ve âdetten alan uygulamalar demektir. Bu önemli farka iki cümle ile işaret ettikten sonra devam edelim; madem Kur'ân, sahih sünnet ve gelenek diyoruz; o zaman bizim din veya dinî dediğimiz her bir ameli bu zaviyeden ele almamız ve sağlamasını yapmamız lazım. İbadetler dâhil her bir amel acaba Kur'ân, sahih sünnet ve gelenek tarafından gerek şekil gerek muhteva olarak destekleniyor mu? Bu amellerin hangisi tarih üstü veya evrensellik vasfına sahip? Söz konusu olan ictihadî bilgiler ise, bunlar hangi ölçüde zamanın ruhuna uygun? Uygunsa problem yok; fantazi arayışına hiç gerek yok; eğer değilse, üretildiği zaman ve mekânın izlerini üzerinde ağırlıklı olarak taşıyorsa, sosyal, siyasal, kültürel, ekonomik arka plan şartlarının farklılığı bu bilgilerin yeniden üretilmesini gerektiriyorsa, o zaman konunun uzmanları bu meselede ne diyor?

Bu son paragrafta kısa kısa cümlelerle icmâlî olarak anlatmaya çalıştığım şey, aslında "Anlatmayın!" denilen şeylerin kendiliğinden devre dışı kalmasını gerektirecek bir yol ve yöntem. Dini, gerek ruh gerek düşünce ve inanç dünyamızda her zaman ter ü taze, her mekân ve zamanda yaşanılır kılacak olan yol ve yöntem. Tabii yapılabilirse. Tarihe bakın, bunun yapıldığı dönemlerde dinî hayatımız alabildiğine canlıdır bizim. Tefsir, fıkıh, hadis, kelam, tasavvuf vb. dinî ilimlerde de, matematik, fizik, cebir vb. müspet ilimlerde de. Aile, okul, çevredeki beraberlikten, ilmî keşiflere kadar bizi tarihe mal eden değerler hep bu dönemlerin izini üzerinde taşır. Devletler muvazenesinde ihraz ettiğimiz ağırlıklı konum da hep bu dönemlere rast gelir.

Sohbet ortamında uzaklaştım; farkındayım. Geri dönelim ve bitirelim yazıyı. "*Müslümanlığı şekillere emanet etmişiz.*" dedikten sonra biraz durdu, düşündü ve "*Haaa bunla kurtulunmaz mı? Allahın rahmeti çok geniştir.*" diyerek sözlerini tamamladı.

Ben ilave edeyim; Allah'ın rahmeti çok geniş; âmennâ ama bu rahmete hak kazanma, hak kazanma yollarına tevessül etme de bizim işimiz. Bu da bizlere emanet edilmiş olan dini, bütüncüllük içinde doğru okuma, doğru anlama, doğru yorumlama ve doğru yaşama ile mümkün. Keşke yapabilsek! Asırlık ihmallerin hayatımızın içine akıttığı erâcifi temizleyebilsek! Zamanı geriye işletmek imkânsız ama gösterilecek insanüstü gayretlerle, zamanı daha hızlı işletsek ve o asırlık ihmallerle kaybettiğimiz zamanı telafi edebilsek. Tabii bir tek şartla; değerlerimizden taviz vermeden. Ahmet Selim'in tesbitleri ile "Acele ederken kaybettik; kaybettiğimiz için acele ettik" fasit dairesi içine girmeden.

ELEST BEZMİNDE BELÂ VEYA KULLUK AKDİ

Bugün daldan dala atlayacağım. Fasıldan fasıla nitelemesine hak kazanacak türden alıntılarda bulunacağım.

Bir; akit bütün hukuk sistemlerinde beşerî münasebetler ekseninde kendine yer bulan önemli bir kavramdır. Alışveriş akdi, borç akdi, nikâh akdi, selem akdi vs. Farkındayız veya değiliz bilmiyorum ama gündelik hayatımızın her bir köşesinde onlarca-yüzlerce defa karşımıza çıkar bu akit kavramı. Pekâlâ; insan-insan ilişkisinde önemli ve vazgeçilmez yeri olan bu "akit" Allah-insan ilişkisinde yok mu? Hiç şüphesiz var. "Elest" bezminde "belâ" diyerek başlayan bir akdimiz var bizim Rabbimizle. Hayatta kaldığımız müddetçe devam eden bir akit bu. İlla akde isim vermek isteniyorsa "kulluk akdi" diyebiliriz buna. Yarını Allah bilir ama dün ve bugün biz bu akde ne kadar sadık kaldık hiç bunun sorgulamasını yapıyor muyuz kendi vicdanımızda? Yapmıyorsak, yapmadı isek yapmalı değil miyiz?

Böyle bir giriş yaptım çünkü Hocaefendi geçen gün dedi ki: "*Akdin en büyüğü akdü'l-imandır. Kur'ân onun için "Ey iman edenler!" diyor.*" Mana açık; inanan insanlara hitap ederken Kur'ân, her daim onlara verdikleri kulluklarını hatırlatıyor. Bir başka tabirle kulluk sözlerinden dolayı almış oldukları isim veya sıfatları ile hitap ediyor.

İki; İslâmi değerleri esas alarak bugün İslâm ülkeleri de dâhil olmak üzere yaşadığımız dünyaya bir isim verilmek istenirse ne denir? Toprağın bağrına salınan tohumların rüşeym vermesi, baharın müjdeci soluklarının duyulması bir kenara bugünü isimlendirelim diyorum. "20. asır cahiliyyesine" ne dersiniz? Galiba bu tabiri ilk defa kullanan Muhammed Kutub. İyi de neden böyle demiş Kutup? Çünkü cahiliyye döneminde ne varsa, neredeyse aynı şeyler günümüz dünyasında da hâkim. Belki de daha yaygın, daha profesyonel, daha kurumsallaşmış şekliyle.

Buna ait bir değerlendirmede bulundu geçenlerde Hocaefendi; onu paylaşmak isterim sizinle. Yalnız Hocaefendi'nin bakışı "İlâhî kudret her şeye gücü yettiği halde, geriye dönüşün adı olan cahiliyyeye neden izin veriyor?" açısından yani hikmet perspektifinden. Dedi ki muhtemel bu soruya cevap olacak değerlendirmelerinde: "*Değişik dönemlerde İslâm adına kaymalar yaşanmıştır. İhtimal Cenâb-ı Hak bununla İslâm'ın güzelliklerini mukayese etme imkânı veriyor bizlere. İslâm'ın güzelliklerini görün ve tecdid ruhuyla hareket edip dini hayatınıza mal edin.*" diyor.

Tahlil güzel de tahlilin altında yatan ve cevaplandırmamız gereken bir soru var; farkında mıyız bunun? Yoksa yaşadığımız şartları içselleştirmiş durumda mıyız? Geçenlerde aktarmıştım; "*Yaşadığı çevreyi normal görenler durağan olur.*" diyordu Hocaefendi. Bizim durağanlığımızın sebebi bu mukayeseyi yapamayışımız olmasın? İslâm'ın cahiliyyeyi aratmayacak günümüz atmosferindeki yeri nedir acaba? Tecdid ruhuna hangi ölçüde sahibiz ve hayatımızdaki yansımaları neler? Bu ve benzeri soruların cevaplarını herkes yapacağı muhasebe ve murakabelerde kendisi versin.

Üç; vifak ve ittifak, tevhid ruhuyla hareket etme. Seküler dünyadaki kavramlarla konuşacak olursak siyasî, ekonomik beraberlikler tesis etme, dernekler, vakıflar kurma, ulusal veya uluslararası siyasî, ekonomik, askerî vs. anlaşmalar yapma. İslâm başta olmak üzere bütün dinlerin müntesiplerine emrettikleri bir değer bu aslında. Bu değeri hayata mal etmek önce bu bilgiye sahip olmakla mümkün. Bu bilgiye sahibiz. Pekâlâ, bu bilgiyi en küçük daire sayılan aile hayatımızdan en büyük daireye kadar hayata taşıyor muyuz? Hem evet hem de hayır. Evet; çünkü taşıyanlar var. Ailede var, ticarî hayatta var, hukukî, siyasî, iktisadî anlaşmalarla sınırlı devletler arasında var. Hayır; çünkü külliyet kesbetmiş değil.

Dede-nine, anne-baba, torunlarla birlikte yaşayan kaç ailemiz var bizim bugün? Onun için hayır. 500-600 yılı bırakın iki nesildir devam eden aile şirketlerimiz olanlara nispetle yok mesabesinde. Onun için hayır. Ya devletlerarası anlaşmalar? Menfaat birlikteliği bile anlaşmaların değil anlaşmazlıkların nedeni olabiliyor günümüzde. Hâlbuki işin tabiatı anlaşmayı gerektirir.

Neden? Cami bir cevabı var Hocaefendinin bu soruya; "*İradelerimizin hakkını vermiyoruz. Çünkü vifak ve ittifak iradeye emanet edilmiş bir meseledir.*" Yahudilere Tih sahrasında gökten inen bıldırcın kuşu gibi kudret helvası gibi bir şey değil sizin anlayacağınız vifat ve ittifak. Nitekim şimdiye kadar defalarca Hocaefendi'den dinlediğimiz bir hadisi mealen ben ilave edeyim buraya. Allah, Efendimizin üç duasından birini kabul etmemiş, ikisini kabul buyurmuş. Kabul ettikleri ümmetinin Nuh, Salih (aleyhimesselâm) kavimleri gibi toptan helak olmaması ve yine ümmetin toptan helakına sebebiyet verecek kıtlığa maruz kalmamaları. Kabul etmediği duaya gelince; ümmetin birlik ve beraberlik içinde hareket etmesi. Nedenini söyledik; vifak ve ittifak insanın iradesini kullanarak elde edeceği bir netice çünkü.

Son nokta; Hz. Musa ve kavminin 40 yıl Tih sahrasında dolaşması bir ceza mıdır değil midir? Hocaefendi bazı müfessirlerin rağmına bunun ceza olmadığını düşünüyor ve diyor ki: "*Tih sahrasında yaşanan hayatta büsbütün mahrumiyet yok. Yaşanan sade bir hayat var. Menn ve selva'nın (bıldırcın kuşu ve kudret helvası) bir nimet olarak verilmesi bunu gösteriyor. Beri tarafta bu süreçte kendi içlerinde derinleşerek yaptıkları hatalara tevbe imkânı veriliyor."*

Buradan sonrası önemli; çünkü bunları bir girizgâh olarak kullanan Hocaefendi devamında aynen şunları söyledi: "*Günah işleyip hemen arınma kurnasının altına geçip yıkanmayan ve hatasından dönmeyen insan zamanla tevbe etme duygusunu kaybedebilir. Zamanla o duygu bunların içinde de alınabilir. Şeytan buna bir misaldir.*"

Farklı bir yazı oldu biliyorum. Tasrif usulü aklıma geldi, farklı yer ve zamanlarda bir gezinti yaptırayım istedim bu defa.

Hocaefendi'nin iki vecizesi ile bitiriyorum yazıyı: "*Çobanlar sürülerini bırakmazlar; her ne kadar bazen sürüler sürü olduklarını bilmese de.*"

İkincisi ise şu: "*Nefsiyle yaka paça olmayan, elini başkalarının yakasından çekemez.*"

EN TEHLİKELİ ŞEY

"En tehlikeli şey, bir şey yaptığını zanneden insanların hiçbir şey yapmaması, abesle iştigal etmesidir. Evet, en tehlikeli şey, namaz kıldığı hâlde namaz kılmamak, oruç tuttuğu hâlde oruç tutmamaktır."

Sabah sahur yenice bitmiş; namaz, tesbihat ve derken her okunduğunda gönüllere ferahlık veren, derinliklerine indikçe zihinlerde ayrı kapılar açan Kur'ân tefsiri dersine başlanmıştı ama o da ne? Yukarıda okuduğunuz cümle, o gün halkaya oturan herkesin ilk duyduğu daha doğrusu duyduğu an ürperdiği bir cümle oldu. Demek ki bir şeyler yanlış gidiyordu. Demek ki doğru diye yapılan şeyler yanlıştı. "*Lafızlar mananın kalıbıdır.*" sözü bu yorumu doğrulayan bir unsur. "*İnsanlar Kur'ânîleşmedikten sonra Kur'ân okumanın bir manası var mı?*" sözü de aynı tespiti desteklemiyor mu?

Tabii Hocaefendinin penceresinden bakınca görülüyordu bu. Onun ufkunda müşahede ediliyordu bunlar ama o yanlışların ne olduğunu kendisinden başka kimse bilmiyor. Suizanlara kapı açar diye söylemiyor ihtimal. Takat getirmezler diye düşünüyor ihtimal. Hâl ve makamları itibariyle bunları anlamaz diye anlatmıyor ihtimal. Bununla beraber muhataplarını mevcutla iktifa etmemeleri için uyarıyor. Aynaya bakmalarını, muhasebe ve murakabe ufkunda yürümelerini temine çalışıyor bu türlü silkelemelerle ve verdiği ölçülerle.

Madem öyle; biz de aynaya bakalım ve düşünelim isterseniz sesli olarak; neredeyiz biz? Hz. Peygamber'in (sallallahu aleyhi ve sellem) yaşadığı hayat ortada. Biz neredeyiz, O nerede. "Fakat O peygamber." diyorsanız, sahabeyi mukayese unsuru olarak ele alalım. Aynı itirazı, "Onlar da nübüvvet ikliminin müdâvimleri." diyerek yöneltiyorsanız, evliyâyı, asfiyâyı, mukarrabîni alın. Bunlar fazla diyorsanız, kimi istiyorsanız alın ve terazinin bir kefesine onu, diğer kefesine kendinizi oturtun. Ben rahmetli ninemi oturtuyorum mesela ve şu sonuca ulaşıyorum; imanındaki samimiyetinde de amelindeki ihlâs ve devamlılığında da herkese yardım etmek için çırpınan güvercin kalbi gibi titrek kalbiyle de benden çok daha ileri seviyede görüyorum onu.

Her neyse; bir örnek olsun diye anlattım, biz sohbet ortamına devam edelim ama buna hangi manada sohbet demeli onu sizin takdirlerinize bırakıyorum. Dedim yukarıda; Hocaefendi'nin penceresi, ufku diye. Oradan bakılınca görülüyor bazı şeyler dedim. Aynı şeylere parmak bastı ve dedi ki: "*Herkes aslında çok hüsn-ü niyetli. Biraz daha şefkatli, merhametli davranmak gerekmez mi?" deme bağrıma bir zıpkın saplanmış tesiri yapıyor bende. Birisinin bu türden bir sözü benim bir gece uykumu alıp götürüyor. Herkes kendi dünyası itibariyle konuşuyor ama benim algılarım, benim hassasiyetlerim açısından meseleye bakan yok. Anlatamadım ben bunu ve anlatamayacağım.*" Tam üç defa içli bir ses tonu ile tekrar etti son cümleyi; "*Anlatamadım ben bunu ve anlatamayacağım.*" diye.

Yıllar önce bir arkadaşım Hocaefendi'ye: "Siz ne kadar talihsiz biz ne kadar talihli insanlarız." demiş ve bir çıkış yapmış.

Çokları şaşırmış o an o çıkışa. Ne demekti şimdi bu cümle. Biz talihli, siz değil. Fizikî beraberliğin olduğu bir yerde herkes ya talihli ya da talihsiz olurdu. Fakat daha sonra bu çıkışının açılımını yapmış 'Estağfirullah!' diyen Hocaefendiye. Demiş ki: "Bizim bahtımıza siz, ne yazık ki sizin bahtınıza da biz düşmüşüz." Anlaşıldı sanırım mesele. Şunu demek istiyor arkadaşım: "Biz ne ilmimiz, ne irfanımız, ne idrakimiz, ne ufkumuz itibariyle size dost, arkadaş, kardeş, talebe olacak konumda değiliz." Sonra sordum ben o arkadaşa, bunu mu demek istedin diye. Açık değil mi diye cevap verdi bana. Doğru, alabildiğine açık.

İşte aktardığım sözleri yaşadığımız ortamda bunları hatırladım. Benzeri bir çıkışı yapmayı riya, süm'a saydım. İçten, gönülden gelmeyen, kalbin sesi olmayan sözlerin geri tepeceğini bildiğim için susmayı tercih ettim. Şu an bu satırları kaleme alırken düşünüyor ve kalbimi yokluyorum; aynen katılıyorum o arkadaşın tespitine. Hatta daha ötesini söyleyebilirim; nitekim bir arkadaşımla paylaştım bu düşüncemi. Dedim ki; Taptuk Emre'nin dergâhında yakılmak üzere dağdan odun toplayan Yunus, odunların en doğrularını seçiyor, yamuk odunları getirmiyormuş dergâha. Yunus'un fazladan katlandığı zahmeti gereksiz gören, odun bu nasıl olsa yanacak yamuk olsa ne olur diye düşünenler; neden demişler. Cevabı hepimizin kulağına küpe olacak cinsten Yunus'un: "Taptuk dergâhına odunun yamuğu bile yakışmaz." Bu dergâhın da farklı olduğunu düşünmüyorum ama bırakın odunu, o dergâha odun taşıyacaklar yamuk belki de. Hocaefendi'nin talihsizliği tam da burada başlıyor.

Hiç kimse üzerine alınmasın yukarıda aktardığım sözleri ve yaptığım değerlendirmeyi. Bediüzzaman Hazretlerinin dediği gibi; "Muhatap âsî nefsimdir." Yâr olamadık ona, olmamız gerektiği ölçüde. Yârân olamadık ona, beklenen yârânlık seviyesinde. Yalnız bıraktık onu, çıktığı manevî yolculukta. Bu manzara arkadaşımızın dediği noktaya ulaştırıyor bizi; "Bizim talihimiz, onun talihsizliği."

Bu yaklaşımla devam edersek ve sittîn sene yaşasak netice değişmez. Kendimizi değiştirmek zorundayız. Yunuslar nasıl Yunus olduysa o dergâhta, bu dergâhın da Yunuslara ihtiyacı var. Keşke her birerlerimiz Yunus olabilsek!

İNCE AYAR

"*Allah'ım, beni bana unuttur ve kendimden bahsetmeyi bana kerih göster.*" Hocaefendinin levhalarında yerine alan bir dua cümlesi bu.

Oturuyorduk yine dar bir dairede. Her zamanki gibi mahzun, her zamanki gibi mağmum, her zamanki gibi kederliydi. Kederli hâli yüzünden okunuyor; endişesi "*Kâbusum bütün ufkumu sarıyor.*" dedirtecek ölçüde zihnen onu başka vadilere taşıyordu. Bedenen bizimle birlikte idi ama iç dünyası itibariyle ayrı bir âlemin içinde yaşadığına hiç şüphe yok.

Başta ifade ettiğim dua cümlesi çıktı ekrana. Yüksek sesle okudu onu. Etraftakiler dua cümlesi olduğu için bu fırsatı kaçırmak istemediler sanırım ve yüksek sesle âmîn dediler. Salon koro hâlinde çıkan bu âmîn sesinin yankıları ile yankılanadursun; Hocaefendi "*Eşrârın anıldığı yerde rahmet inkıtaya (kesintiye) uğrarmış. Kapatalım bu faslı.*" dedi.

Siz sözün siyak ve sibakından anladınız; Hocaefendi o dua cümlesini daha önceden yapılan muhabbet mevzuunu kapatmak için yüksek sesle okumuştu. Pekâlâ, ne konuşuluyordu öncesinde? Neydi mesele? Kimdi o eşrâr diye rahmetin inkıtaına sebebiyet verecek kişiler?

Cevap; şahıs veya şahıslar, grup ya da gruplar yok; vasıflar var, fiilller var. O vasıfları kim üzerinde taşıyorsa, o fiilleri kim yapıyorsa, işte onlar eşrâr denilen kişiler. Zaten bilirsiniz ve biliniz; öteden bu yana müstakim düşünce ve hayat tarzı içinde Hocaefendi'nin şahıslarla hiç işi olmamıştır. Daha birkaç hafta önce yayınlanan Bamteli sohbetinde şimdiye kadar binlerce defa tekrar ettiği bu düşünce, inanç ve amelini yine tekrar ediyordu. Diyordu ki: "*40 yıldan beri bana düşmanlık ilan etmiş ve sürekli aleyhimde yazan insanları bile Allah'a şartsız bir şekilde havale etmedim. Hidayetlerini murad buyurdu isen, en kısa zamanda hidayet et Allah'ım. Eğer murad buyurmadıysan, Sen bilirsin.*" dedim. Genel karakteri bu olan Hocaefendi'nin sözünü ettiğim dar dairede şahıs veya grup ismi vererek konuşacağını düşünüyorsanız aldanıyorsunuz.

Madem öyle o zaman vasıflar nelerdi diye sorabilirsiniz. Söyleyeceğim; zaten bu yazıyı kaleme alma nedenim o. Vasıflar şunlar; şahsî ve maddî istikballeri uğruna bir milletin geleceğini hiçe sayan dünyevî hırsla dolu insanlar. Başkalarına cevr ü cefa yani zulüm etmekten hoşlanan, zevk alan, mazlumun, mağdurun ızdıraplı sesini ney gibi dinleyen zalimler. Mevlana'nın pergel metaforunda anlattığı gibi ayaklarını sabit bir yere basacak sağlam bir mefkûreye sahip olmayan kişiler.

Aslında benim üç cümlede özetlediğim bu vasıfları uzun ömür arzusu ve mal sevgisi diye iki kısa cümle ile anlatmak da mümkün. Benim yorumum değil bu; bizzat Hocaefendi'nin sözlerini temellendirmede kullandığı bir hadis. Çoklarının bildiği gibi Efendimiz (sallallahu aleyhi ve sellem) bir hadis şeriflerinde: "Yaşlının kalbi şu iki şey karşısında gençtir. Uzun ömür ve mal sevgisi." İşte bu iki şey yani hiç ölmeyecekmiş gibi uzun yaşama arzusu ve bu arzunun tetiklediği, belki de sebebiyet verdiği mal-mülk-menal hırsı insanı yanar-döner bir vaziyete sokuyor. Sâbitesi olmuyor o insanın. Ayağının birini belirlediği ilkeler ve prensipler üzerine koyup diğeri ile hareket yönünü belirlemeyemiyor. Sâbitesi, ilkesi, prensibi olmadığı için de menfaat rüzgârının esişine göre kıble değiştiriyor. Dün "Evet." dediğine bugün "Hayır." diyor rahatlıkla ve pişkinlikle. Sahip olduğu siyasî, ekonomik, kültürel vb. konumları sadece kendi lehinde kullanan, muhatabını yok sayan zalim bir canavara dönüştürüyor.

Şimdi bu esaslar ekseninde tanıdığımız yakın-uzak herkesi endam aynasının karşısına geçirelim ve süzelim onları; sanıyorum ulaşacağımız sonucu karşı bir soruyla ifade edebiliriz: "Kimde bu vasıflar yok ki?" Sonuç doğru olabilir ama yaptığımız doğru mu? Niçin başkalarını endam aynasının karşısına koyuyoruz da kendimizi unutuyoruz. Başkasını eleştirmek kolay, mühim olan insanın kendini tenkit etmesidir.

Şöyle dedi Hocaefendi: "*Hakkaniyet, kalb ve ruh ufku mülahazasıyla bakıp değerlendirirseniz, elenmeyen çok az insan kalır bunlar arasında.*" Doğru sonuç bu. Hepimizin az veya çok bu vasıflardan hissesi var.

Pekâlâ, fıtratı nereye koyacağız diye bir soru akla gelebilir burada. Zaten Efendimiz'in hadisi de bunu anlatmıyor mu? Sanki kendisine sorulmuş gibi sözlerin ilerleyen kısmında buna da cevap verdi Hocaefendi: "*İnsanın fıtratını ve hissiyâtını aşamadığı yerler olabilir ve Allah bunlara hasenât seyyiât muvazenesine göre muamelede bulunur. Fakat bir şeyi unutmamak lazım; insanın sahip olduğu imkân ve konum itibariyle milleti adına fedakârlıkta bulunması gereken yerler vardır. Buralarda o fedakârlığı yapmazsa milletine ihanet etmiş olursun. Fıtratımı aşamadım mazeret olarak kabul edilmez burada. Farklı şeyler bunlar. İnce ayar gereken şeyler bunlar. Bu gerçeği bazıları niye anlamıyorlar, anlamıyorum.*"

Milletinin derdini şahsî dertlerinin öncesinde görmeyen, göremeyen insanlardan bu türlü bir davranış beklemek ne kadar doğru olur bilmiyorum. Hocaefendi'ye göre de zaten mesele burada düğümleniyor; anlamamalarını anlama ancak bu perspektiften bakışla mümkün oluyor. Hayatın çeşitli safhalarına büyük büyük projelerle, iddialarla içine girilen işlerin tutmamasında, onu hayata taşıyacak kişilerin ızdırapsızlığı var. Çözümsüzlük karşısında geceleri uykusunun kaçmaması var. Rabbe karşı "Ben acizim; Sen herşeye Kadir'sin Allah'ım!" itirafıyla yönelememe var.

İşin manevî boyutu bu; maddî boyutu adına bunlar ne yapmalı? Hocaefendi'nin önemli bir tavsiyesi var burada. Diyor ki: "*Kılı kırk yararcasına hakperestçe davranmak gereken konumlarda bulunan bu insanlar, sözü edilen hakperestlik duygusuna sahip insanlarla yani vatan-millet derdinden başka hiçbir şey düşünmeyen kişilerle konuşurlarsa, yanılma paylarını azaltmış olurlar.*"

Yaptılar mı, yaparlar mı, yapabilirler mi, yapacaklar mı? Zaman gösterdi, gösteriyor ve gösterecek.

İSRAF İSRAFTIR KÜÇÜĞÜ BÜYÜĞÜ OLMAZ

Kaç yaşındaysanız? İnanıyorum ki şu yaşınıza kadar başta anne-babalarımız olmak üzere camideki hocadan, okuldaki öğretmene, ekranda seyrettiğimiz dizi kahramanından ülkenin başbakanına kadar yüzlerce ağızdan yüzlerce defa duyduğumuz bir kelime bu; israf. Okuduklarımızı da sayalım isterseniz. Hâsılı duya duya kulakların yağır, okuya okuya gözlerin aşina olduğu bir kavram bu. Ama içi ne kadar dolu? Bu kelimenin anlam çerçevesini biz nasıl dolduruyoruz kendi iman, idrak ve amel dünyamızda? Müspetiyle-menfîsiyle nasıl yansıyor hayatımıza israf? Yani bize dışarıdan bakan bir insan bize müsrif mi diyor; tutumlu mu diyor, cimri mi diyor? Hangisi? Biz nerede duruyoruz? Şöyle de sorulabilir bu soru; biz kendimizi nerede görüyor, hangi kategoride değerlendiriyoruz?

Basite ve hafife almayın bu soruyu? Çünkü israf insanî açıdan da İslâm ahlâkı açısından da önemli bir kavram. Hakkında âyetler var. İsraf etmeyin diyor kaç yerde Kur'ân. (En'âm Sûresi, 6/141; A'râf Sûresi, 7/31) Cimrilik yapanları kınıyor. (Âl-i İmrân Sûresi, 3/180; Hadîd Sûresi, 57/24). Bu ikisi arasında orta yerde durup tutumlu olanları medh ü senada bulunuyor. (Furkân Sûresi, 25/67)

İsraf bir iman meselesidir. Allah'a, Peygamberlere, kitaplara iman dediğimiz yerdeki iman değil elbette. Ama o imanın bir yansıması, dünyevî hayatta bir tecellisi olması itibariyle iman meselesi diyorum. En basitinden, "Yiyin için ama israf etmeyin." Allah'ın emri değil midir? Öyleyse buna sıradan bir yasak gibi bakamazsınız.

Aynı zamanda bir ahlâk meselesidir israf. Ahlâk dendiği zaman insanın hayat felsefesi, dünya düşüncesi ve yaşam tarzı devreye girer. Öyleyse israf yasağı bizim hayata bakışımızı belirleyen, dünya hayatımızı şekillendiren önemli bir unsurdur. Yapılan telkinler, alınan eğitim, çevrede bizatihi müşahade ettiğimiz örneklerle Müslümanın temel ve tabii bir özelliği olmalıdır israf etmemek. Karar aşamasında kaldığı zaman anında, hiç düşünmeden israf aleyhine karar vermelidir Müslüman. Veriyorsa, verebiliyorsa bu onun ahlâkına mal olmuş demektir. Tam aksini veriyorsa daha kat edeceği çok mesafe vardır bu nehyi yerine getirme yolunda. Bazen israf lehine, bazen aleyhine davranıyorsa pişme yolunda olan bir hamdır henüz o insan.

İsraf, medeniyet inşasında da önemli rol oynar. Ama tekrar hatırlatayım; israf kavramının içine nasıl doldurduğumuza bağlı bu. Tarihimizin altın dönemlerinde sadaka taşlarına bırakılan sadakalar nasıl bizim medeniyet algımızın vazgeçilmez bir rüknüdür; israf da böyle bir şeydir aslında. Batı medeniyetine bugün israf medeniyeti diyorlar. Hareket noktası, tüketim kültürünün ortaya çıkardığı manzara. Çok doğru bir yaklaşım bu. Tüketmek için yaşama günümüzde kendini Batı diyen, Batılı diyen toplumların vazgeçilmez özelliği değil mi? Hayatı sadece dünyadan ibaret gören ve Ömer Hayyam felsefesi ile "Yiyelim, içelim, kâm alalım dünyadan" diyen bir anlayış. Bu anlayışın, bu kabulün hâkim olduğu toplum yapısının üreteceği medeniyet elbette israfla hemhal olur.

Gördüğünüz gibi israf basit bir kavram değil. Bizim A'dan Z'ye hayatımızın tümünü etkileyen, etkilemesi gereken önemli bir unsur. Kaldı ki israf deyince öteden bu yana akla gelen sadece yeme-içme. Hayır; o israfın bir tek alanına teşkil eder. Hâlbuki israf nehyi hayatın bütününü içine alan mutlak bir kavramdır. Öyleyse yeme içmede israf olduğu gibi, vakti değerlendirmede de, uyumada da, çalışmada da aklınıza gelen hayatın her bir alanında da israfın yeri vardır ve olacaktır. Hayat felsefesi, yaşam tarzı belirlenirken bu bütünlük gözetilmek zorundadır.

Derste daha önce farklı boyutları ile defalarca ele alınan israfın eşyaları kullanmadaki boyutu konuşuldu. Odasına konulan kâğıt havlunun parasını vermek istedi ve söz oradan açıldı. "*Bediüzzaman Hazretleri israfı çok önemli görmüş ki müstakil bir risale kaleme almış.*" dedi ve ardından ilave etti: "*Ben o kâğıt havluların her bir parçasını kullandıktan sonra hemen atmıyorum. Kullandığım o parçayı ikinci defa lavaboları ve parkeleri silmede, dayanıklılığına bağlı olarak üçüncüsünde başka bir yerde kullanıyor ve sonra çöpe atıyorum.*"

Çoklarımızın şu ana kadar hiç düşünmediği kanaatinde olduğum bir uygulama olsa gerek bu. İtiraf edeyim, bizim evde aynı kâğıtlar tüketilip aynı işlemin yapılabilecek olmasına rağmen bu dikkat, bu hassasiyet yok. Neden? İsrafın haram olduğuna iman mı eksik? Hâşâ ve kellâ! Ama o imanın hayata yansıması eksik. Sebebi ise israfın anlam çerçevesi içinde kâğıt havlunun ikinci defa kullanılmadan atılmasının israf olmadığına inanç var.

Değiştirmeliyiz bence bu kabul ve uygulamamızı. Önce zihinde, inançta sonra pratik hayatımızda. Ne kazanırız? Tanesi 5-10 kuruş olan kağıtları böyle kullanmakla zengin mi oluruz? Belki hayır; ama emre imtisaldeki titizlik hazine-i rahmetin kapılarının bizim lehimize açılmasına vesile olur belki de. Nitekim Hocaefendi ikinci cümlesinde buna işaret etti ve dedi ki: "*Siz böyle davranırsanız; Allah da bittim dediğiniz anda gaybî hazinesinden lütuflarını, ihsanlarını yağdırır sizin üzerinize.*"

Yanlış anlaşılmalara medar olmasın düşüncesiyle olsa gerek – kaldı ki o ders zemininde Hocaefendi'yi böyle yorumlayacak bir kişi bile çıkmaz– şunu da ilave etti: "*Bir kağıt parçası için böyle davranırım ama birisinin ihtiyacı varmış, 1000 doları gözüm kapalı veririm. Hiç umurumda değil.*" Bilenler bilir, el-hak öyledir Hocaefendi.

Niçin böyle bir yazı kaleme aldım? "*Vehbi Koç gece koridorlara çıkar, lüzumsuz yere yanan ampulleri söndürürmüş. Merhum Hacı Ahmet Tatari'nin annesi kullanılamaz hâle gelen sabunları toplar, eritir ve yeniden onları sabun yaparmış?*" örneklerini verdikten sonra dedi ki: "*Telkin edin etrafınızdaki herkese bunu. Unutmayın israf israftır.*"

Evet, israf, israftır; küçüğü büyüğü olmaz.

KARANLIK KAFALARDAN AYDINLIK FİKİRLER ÇIKMAZ

"*Bir tarafta biz Peygamber değiliz. Tabii ki yanlış yapmış olabiliriz. Ama yaptıklarımızı Allah görüyor; niyetimizi O biliyor.*" diyen Hocaefendi; diğer tarafta "vur abalıya" mantığı ile gönüllü hizmetkârlara saldıran, saldırdıkça zevk alan, zevk aldıkça saldırılarına hız veren, şiddet derecesini artıran bir kitle.

Bir tarafta Ziya Paşa'nın yaklaşımı ile "Âyinesi iştir kişinin lafa bakılmaz" penceresinin önümüze açtığı ufukta söylentilere kulaklarını kapatarak dünyanın dört bir yanına dağılan; eğitim, sağlık, diyalog, kalkınma ve yardım faaliyetleri ile çoklarının gönüllerine taht kurmuş yüzler-binler; diğer tarafta kıskançlıklarını, hazımsızlıklarını, düşmanlıklarını kontrol altına alamayıp her şeyi sebep-sonuç ilişkisi içinde değerlendiren ve hayallerinin, vehimlerinin, paranoyalarının esiri olan kimseler.

Bir tarafta "*İnsanları birleştirmek adına harç, tutkal görevi yaptığınızı unutmayın. Gelecek adına köprüler kuruyoruz. Birlikte yaşama kültürü oluşturmaya çalışıyoruz.*" diye kendini sevenlere yön veren, önlerine yol haritası koyan bir aktivist, bir düşünür, diğer tarafta meşru-gayri meşru demeden ilkesizliğin, prensipsizligin gel-gitleri arasında tahrip adına düşündükleri her şeyi hemen hayata geçirmeye çalışan kişi veya kişiler.

Cereyan eden hadiselere şuurluca bakanlar, sentez ve analiz kabiliyetlerini kullanıp bulmacanın karelerini zihinlerinde doldurarak resmi bir bütün olarak görenler katiyyen biliyorlar ki psikolojik bir harekât yürütülüyor. Bu ülke insanının hiç de yabancısı olmadığı bir teknik ve taktik bu. "Toplumu bilmeyen ama devlet olmuş elitlerin" yabancı ortakları ile beraber bu ülkede yıllardır-asırlardır oynadığı bir oyun bu. Daha doğrusu oyunun bir parçası. Küreselleşen dünyada insan unsuru başta teknik ve teknolojinin her türlü imkânını kullanarak yalan-yanlış iç içe iftiralar ve karalamalarla sistematik saldırılar yapıyorlar bunlar. Kendilerine göre merkezden muhite, muhitten merkeze kuşatmada bulunuyorlar. Bulunuyorlar çünkü halayıkların bey-paşa olmasını hazmedemiyorlar. Bir merkezden kumanda ediliyor izlenimini veren kısa-orta ve uzun vadeli planları adeta bir düzenle sırasına, yerine, zamanına göre devreye koyuyorlar. Bu arada hak-hukuk yenecekmiş; insan hakları ihlal edilecekmiş; hiç umurlarında değil. Çünkü söz konusu haklar kendileri için geçerli olduğunda bir mana ifade ediyor; başkaları için ise bir hiç. Şöyle diyebiliriz; tarihin derinliklerinde kaldığını düşündüğümüz kendileri gibi olmayana hayat hakkı tanımayan felsefeyi yeniden ihyaya çalışıyorlar.

Nedir bütün bunlar? İlla bir isim konması isteniyorsa yaptıkları şey kelimenin en hafifi ile saygısızlık. Yalnız ortada büyük bir sorun var; saygısızlıkları burada kalmıyor. Ardından bu saygısızlıklarını, ahlâk dışı davranışlarını düşünce ve ifade özgürlüğü kapsamında değerlendiriyor ve başkalarının da böyle değerlendirmesi gerektiğine inanıyorlar. Dünyayı ayağa kaldırıyorlar. İnsaf, dünyanın neresinde yalan, düşünce özgürlüğü kapsamına girer ki? Hangi hukuk sistemi iftiraları bu özgürlük çerçevesinde mütalaa eder ki? İnsanlık hangi döneminde insana hakareti hukuki koruma altına almış ki? Olandan bahsetmiyoruz; olması gerekeni söylüyoruz. Tabii ki bugünden düne ve dünden daha öteki güne baktığımızda tarihin seyri bunların olduğunu söylüyor. Söylüyor ama bu, yapılanların doğru ve bugün de yapılabilir olduğu anlamına gelmez ki!

Siz yalanla, hakaretle, iftirayla, karalamayla, dedikodu ile hukuku, ahlâkı hiçe sayacak, saygısızlıklarda bulunacaksınız ardından bunun kabullenilmesini isteyecek ve yanlışı yanlış ile müdafaa edeceksiniz.

Bununla bitiyor mu? Hayır. Keşke bitse. Bir şey daha ilave ediyorlar; "Hoşgörü diyorlar ama bu kadarcık eleştiriye tahammülleri yok." İnsaf! İnsafın adının olmadığı yerde insaf çağrısı yapmak bir mana ifade etmez ama biz yine insanlığı ölmemiş, vicdanı sönmemiş insanlara çağrıda bulunarak diyelim; insaf! Yalan, yalan üzerine her gün basın-yayın yoluyla dünyanın dört bir yanında psikolojik harekât yapacak, yalanlarla, iftiralarla kamuoyunu etkileyecek bilgi kirliliği ile dezanformasyonda bulunacak ve sonra da eleştirilere tahammül etmeyi bekleyeceksiniz. Eleştiri, gerçekten eleştiri olsa, yanlışı gösterme, iyiye, güzele, doğruya yönlendirme olsa, başımız gözümüz üstüne. Nitekim eleştirilerini bu çerçeve içinde tutan, temellendiren, alternatif önerilerle ufuk açan herkese sinemiz açık.

Yapmayın. Kabullenin bazı gerçekleri. Din insanlık hayatının bir gerçeği. Siz dini kabullenmiyor olabilirsiniz; ama bu gerçeği değiştiremezsiniz. Dindarlık tarih boyunca yaşanan ayrı bir gerçek. Siz dindar olmayabilir, yaşamınızda dine yer vermiyor olabilirsiniz; ama dindarlık ve dindarlar gerçeğini değiştiremezsiniz. Niye görmüyorsunuz, dindarlık seviyesi farklı olsa bile hayatlarını iman, ibadet ve ahlâk üçgeni içinde yaşayan Müslümanların bu ülkenin bir gerçeği olduğunu. Neden anlamıyorsunuz her türlü olumsuz ve meş'um hadisede "the cemaat" karalamasına başvurmanızın artık prim yapmadığını? Yıllardan beri irtica diyerek aynı şeyleri yaptınız; bir sonuç alabildiniz mi? Kısa vadeli almış bile olsanız orta ve uzun vadede gelinen nokta ortada.

Aynı gemide yol alıyoruz; unutmayın. Geminin delinip su almasından hepimiz etkileneceğiz. Farkında olun. Gelin el-ele, gönül-gönüle farklılıklarımızı abartmadan birlikte yaşama zemini oluşturalım. Kürt-Türk, Alevi-Sünnî, kadın-erkek, dindar-dindar olmayan hep birlikte mutluluk ve huzur içinde yaşamanın hazzına erelim. Ülkemizi bir aile gibi düşünelim ve her türlü farklılığı sinesine basarak birlikte huzuru yakalayan aile fertleri gibi olalım.

Çok mu zor? Kolay değil, kabul. Zor; zor ama imkânsız değil. Dünümüze baktığımızda imkânsız olmadığını, bu zor olan şeyin ecdadımız tarafından başarılı bir şekilde yaşandığını görürüz. Bırakın dünü; bugünümüze bakalım. Bizim kadar bir ve beraber olmamımızı sağlayacak ortak paydaları olmadığı hâlde bir devlet çatısı altında yaşayan milyonluk devasa ülkelere bakalım. Neyimiz eksik onlardan? Hiçbir şeyimiz. Belki zihniyet planında da sahip olduğumuz kültürel değerler planında da fazlamız var eksiğimiz yok. O zaman neden bu bir kaşık suda fırtına koparmalar?

Olur mu? Gerçekleşeceğine inanıyor musunuz diyebilirsiniz bu söylediklerimin? Kafalar değişirse, evet. Ama karanlık kafalar, zift üreten zihinler, entrika üstüne entrika planlayan zekâlar iş başında olduğu müddetçe, zor. Ne güzel demişler: "Karanlık kafalardan aydın fikirler çıkmaz!"

NEFYEDİN KENDİNİZİ

Nefy, en önemli esaslardan biridir Hocaefendi'nin düşünce dünyasında. Onun adına söylenen başka önemli bir özellik ise teori ile pratiğin uyumudur. Pekâlâ; nefy çerçevesinde meseleye baktığımızda teoride sık sık dile getirilen bu husus, pratiğe geçirilebilmiş midir haklı sorusunu sorabiliriz.

Bu soruya cevap aramadan önce nefyin ne olduğunu kısaca da olsa yeniden belirtmemizde fayda var. Nefy, Arapçada bir yerden bir başka yere sürgüne gönderilme demektir. Ama Hocaefendinin literatüründe kelime, bu manada kullanılmıyor; o nefy'i muvaffak olduğu işler ve o işlerin devasa sonuçları karşısında "Ben yaptım, başardım, becerdim." yerine "Bunları asıl yapan, eden Allah'tır. Beni bu sonuçların hâsıl olmasında vesile olarak kullanan Allah'a hamdolsun." demek şeklinde tarif eder ve kullanır.

Batılı ve/ya batılı kriterlere göre eğitim ve öğretimini almış bir zihnin anlamakta ve kabullenmekte zorlanacağı bir yaklaşım aslında bu. Ama aynı zamanda "İslâm insanının" temel vasıflarından biridir, biri olmak zorundadır. Çünkü Allah İlâhî beyanında şöyle buyurmaktadır: "Hasene adına isabet eden şeyler Allah'tan, şerler sizdendir." Allah'ın anlattığı, bir taraftan vakıanın ifadesi diğer taraftan mü'minlerin önüne bir hedef olarak koyduğu bu hakikate inanmak ve tatbik etmek inanan herkesin vazifesi ve vecibesidir.

Nefy, bir başka zaviyeden anlatacak olursak tevhidin nişanesidir. Birçok İslâm âliminin işaret ettiği üzere kelime-i tevhidde –ki lâ ilâhe illâllah'tır- lâ nefy edatıdır. Nefyin buradaki manası her türlü ilahı reddir. Ama ardından gelen "illâ' istisna edatıyla Allah'ın varlığı ve birliği ikrar edilmiş olur. Anlaşıldığı üzere tevhidi ikame önce nefy ile başlıyor. Nitekim bu hakikati Bediüzzaman Hazretleri "Nefyi nefy isbattır." vecizesi ile çok güzel ifade eder.

Ne kazandırır insana bu? Açık ve net, kendini nefy etmeyen isbata ulaşamaz, varlığa eremez, varlığın sırrına vâkıf olamaz. Nefy'dir insanı mahviyete ulaştıran. Mahviyettir insanı tevazuya yönelten. Mahviyet ve tevazudur hem halkın gönlünde hem de Hakk'ın nezdinde seni sevdiren, sevindiren ve makbul kılan.

Şimdi gelelim yukarıdaki soruya; evet Hocaefendi bu manadaki nefye inanan, anlatan ve uygulayan bir insandır. Hocaefendi'yi yakın dairede tanıyanların bütünüyle tasdik ve nice örnekleri ile şehadet edeceklerine inandığım bir hükümdür bu. Ama aynı şeyi onun rehberliğine inanmış mü'minlerde görüyor muyuz diyecek olursanız; aynı rahatlık içinde evet cevabı vermek zor olsa gerek. Çok çeşitli sâikleri ve sebepleri olabilir bunun. Şahsın almış olduğu eğitim ve öğretim, karakteri, aile yapısı, çevre faktörleri ve belki de en önemlisi dünya genelinde çok büyük hizmetlere vesile olmaları, bu düşünce ve inançta kırılmaların yaşanmasına sebebiyet veriyor olabilir.

Hocaefendi engin ihsasları ile bunu yıllardan beri tahmin ettiği, sezdiği, gördüğü ve bildiği için bu eksendeki tahşidâtlarına ısrarla devam eder. Hem de dilinde tüy bitercesine, bıkmadan-usanmadan sürekli tekrar eder. Geçenlerde yine aynı şeyleri söylüyordu. "*En tehlikeli kötülükler iyilik diye yapılan şeylerdir. Bir şey yaptım mülahazası bir semm ü katil yani öldürücü bir zehirdir.*" Sonra devam etti: "*Mahviyetinizi ortaya koymalısınız. Bunu sözle değil davranışlarınızla yapmalısınız. İnsan kelime ve cümlelerle başkalarını kandırabilir, araya kendisini koyup muhatabını idare edebilir ama davranışlar yalan söylemez. Onlarda aldatma olmaz. Nefyedin kendinizi. Çok tekrar eden mülâhaza ile yapan O* (celle celâluhû)*; bizi bu yolda istihdam eden Rabbimizi hamd olsun deyin.*"

"Keşke diyebilsek, keşke bu kadar kolay olsaydı bu mesele." diye içimden geçirdim. Gerçekten düşünüyorum özgüven propagandaları ile enaniyetin bu kadar şişirildiği günümüzde keşke nefyedebilsek kendimizi? Bilmiyorum içimden geçenleri mi okudu, insan fıtratını nazara alıp mı konuştu; dedi ki "*Başkalarını nefyetmek kolaydır. İnsanın kendini nefy etmesi zordur.*"

Fıtratta bozulma mı bu? Elcevap; evet. Hocaefendi'nin ifadeleri ile bunun izahı şöyle: "*Allah temiz yaratmış insanları ama biz kendimizi kirletiyoruz. Yemeğini önüne döken çocuklar gibiyiz ama artık çocuk değiliz. Yemeğimizi önlüğümüze döktüysek, onu kendimiz temizlemek zorundayız. Unutmayın, yok artık bizim anamız.*"

Ne kaybederiz kendimizi nefyedip isbata ulaşamazsak? "*Allah yıkar herşeyi. Çünkü büyük bir heyecan dönemi yaşıyoruz; kabul ama herşeyi de kendimize vermeye başlarsak yıkar Allah. Çünkü şirktir bu.*" Sonra gözlerini bir noktaya dikti ve sonunda Ziya Paşa gibi konuşmaya başladım dediği şu cümleler döküldü ağzından: "*Ben de bir şeyler yaptım diyenler berbad ettiler. Efkâr-ı âmmede su-i yâd ettiler. Herşeyi kendilerine vermeyi mutad ettiler.*" Hafiften bir tebessümle nefes aldı ve aynı kararlılıkta devam etti:

"Gelir bir bir gider bir bir kalır Bir
Gelen gider giden gelmez bu bir sır.
Gelirse gelir bir kıl ile eyleme tedbir.
Giderse gider eğlemez bir koca zincir!

Yazılmamamış romanımın isminde olduğu gibi '…ve insan aldandı.' Ve'nin önünde üç nokta var. Herkes o üç noktayı kendine göre doldursun. Ve çıksın bir babayiğit ben aldanmadım desin. Gençliğine aldanmadım, çevreme aldanmadım, mal ve mülküme aldanmadım. Haydi desin! Bu dünyaya adım attığımdan beri ak'ı ak, kara'yı kara olarak gördüm desin. Tenezzül etmedim dünyanın hiçbir nimetine. Haydi desin!."

Böylesi atmosferlerde başlar yere eğilir. Mevzunun ehemmiyetinden, konunun ele alınış şeklinden, Hocaefendi'nin hitabet tarzından dolayı yapar insanlar bunu ister-istemez. İşte yine başların öne eğildiği bu ortamda sözlerini şöyle tamamladı Hocaefendi: "*Bu hizmet bir emanet hepimize. Allah emanette emin olan kullarından eylesin.*" Âmîn…

NELER KAYBETTİK NELER

Bir arkadaşım anlattı; "hiç âdetim olmadığı hâlde beni çileden çıkaran gayr-i dinî, gayr-i ahlâki ve gayr-i insanî davranışları karşısında dayanamayıp sordum neden böyle yaptın? Yaptığın dinî açıdan doğru mu, insanî açıdan doğru mu, vicdanın rahat mı, yarın Hakk'ın huzuruna çıktığında bunun hesabını nasıl vereceksin, neden yaptın dese ne diyeceksin?" Arkadaşı alabildiğine rahat cevap vermiş: "Sorsun, söylerim." demiş. "Beynimden vurulmuşa döndüm." diyor. "Nasıl bu kadar rahat olabilir? Ahireti ne zannediyor bu? Peygamberlerin bile hatırladığı an tir-tir titrediği çetin mi çetin bir gün değil mi o? Kur'ân'ın ifadesiyle karının kocadan, anne-babanın çocuklarından kaçtığı gün değil mi o? Âyet ve hadislerde ölüm, kabir suali, diriliş, mîzân, sırat, hesap, cennet, cehennem kavramları etrafında anlattığı hadiselere, yapılan tasvirlere verilecek olan cezalara inanan bir insan nasıl böyle konuşabilir?" Baktım böyle konuşmakla rahatlıyor; ben de sustum ve dinledim; üst üste aynı istikamette ve hepsi de doğru olan sorular sordu.

Bu hadisenin üzerinden birkaç gün geçmişti ki yine dar bir dairede, yine üç-beş insanın halkada yerini aldığı bir ortamda, dertli sinenin kırık mızrabı ile sazının bam telinden çıkarttığı nağmeleri dinliyorduk. "*Müslümanın akıbetinden endişe duyma hissi kayboldu.*" diye başladı söze. "*İstanbul'dan Ankara'ya gider gibi dünyadan ahirete gideceğiz zannediyorlar. Gaflettir bu, laubaliliktir.*"

Sorduk sıcağı sıcağına nedir bu yaklaşımın sebebi diye. "*Şeytan*" dedi Hocaefendi. "*İnsanın ameline güvenmesi şeytanın bir oyunudur. Hâlbuki ameline güvenmeye karşı insan harb ilan etmeli. Bu düşünceyi toplumda nasıl yeniden ikame ederiz bilemiyorum ama ihyası şart.*"

Sonra sözün akışı şeytana doğru kaydı ve latifevârî insanın dudaklarını geriye doğru hafifçe kaydıracak ölçülü bir tonla: "*Bazen aklıma gelince şeytana laf atasım geliyor ama hemen vazgeçiyorum; çünkü onunla didişmeye gelmez.*" Tebessümlerin hafifçe gevşettiği bir ortamın daha fazla devam ettirilmesinin manası yoktu; çünkü literal manada latife endaz bir tavırla söylenen bu söz hakikat zaviyesinde de doğruydu. Onun için hemen daha ciddi bir tonla ilave etti: "*Baksanıza; Hz. Âdem'den bu yana nicelerinin ayağını kaydırmak için nice sistemler geliştirmiş şeytan. İnsanlar içinde de nice yardımcıları var. Boşuna mı diyor Kur'ân "Rabbim. Şeytanın kışkırtmalarından Sana sığınırım. Onların yanımda bulunmalarından da Sana sığınırım Rabbim!*" diye." (Mü'minûn Sûresi, 97-98)

Devam ediyoruz: "*Hatalarını, günahlarını unutma, iyiliklerini unutmama.*" Doğrusu tam tersi hâlbuki ve İslâm hakkında ilmihal seviyesinde bilgisi olan hemen herkesin bildiği bir gerçek bu ama günümüzde temel ilke de unutulmuş. "*Hâlbuki*" dedi Hocaefendi, muvazeneyi nazara veren ve bir hadisten mülhem ifadeleri ile "*İnsan hata yapar. Hata yapmak insanın fıtratında vardır. Fakat hata yapanların en hayırlısı tevbe ufkuna yürüyendir. Hz. Âdem'e bakın. O da hata etmiş ama hatasında ısrar etmemiş; hata yaptığını anladığı an; "Rabbim ben yanlış yaptım, affını talep ederim." diye dua dua yalvarmış. Evet, bizler Hz. Âdemoğullarıyız. Hatayı, hatadan nasıl dönüleceğini de ondan öğrenmemiz gerekir.*" Bu sözlerin akabinde kısa bir müddet sustu ve "*Hatalar karşısında gerçek insanî his şu olmalıdır; yaptığı hatayı her hatırlayışında kalbine mızraklar saplanıyor gibi acı duymalıdır. Eğer insan bu acıyı duymuyorsa, onun hatalardan uzak kalması düşünülemez.*"

Sözlerini yakın dairedeki hemen herkesin bildiği gibi رَبِّ اغْفِرْ وَارْحَمْ وَأَنْتَ خَيْرُ الرَّاحِمِينَ "Affet günahlarımızı bağışla, merhamet et bize. Çünkü Sen merhamet edenlerin en iyisi, en hayırlısısın!" diyerek kesti. "*Bakın Kur'ân'da bu dua âyetinin geçtiği yere. Şunu göreceksiniz; bu duayı söyleyenleri alaya alan kavmi tevbihte bulunuyor. Demek ki bu duaya önem veriyor. Dolayısıyla bu duayı okumak mü'minin şiarıdır. Günde 100 defa deseniz az sayılır.*" Bahse medar âyetlerin meali şöyle: "*Ey Ulu Rabbimiz!*" *derler*, "*Azgınlığımız, kötü talihimiz ağır bastı. Biz de yoldan sapan kimseler olduk bir kere. Ama ne olur ey Ulu Rabbimiz, kurtar bizi bu ateşten, eğer bir daha o kötülükleri yaparsak işte o zaman, kendimize iyice yazık eder, zalimin teki oluruz.*" *Allah Teâlâ:* "*Kesin sesinizi, sakın bir daha Bana bir şey söylemeye kalkışmayın!*" *buyurur. Kullarımdan, bir kısmı* "*İnandık ya Rabbî! Affet günahlarımızı, merhamet et bize. Çünkü Sen merhamet edenlerin en iyisi, en hayırlısısın!*" *dediklerinde, onları alaya alan sizler değil miydiniz! Sonunda sizin bu davranışlarınız Beni gönlünüzden geçirmeyi, Beni yâd etmeyi size unutturdu da onlarla eğlenip durdunuz.*" (Mü'minûn Sûresi, 106-110)

Araya kahve faslı girdi. Kahveyi getiren arkadaşa teşekkür etti ve "*Mecbur değilsiniz benim çayımı kahvemi yapmaya ama*" dedi ve sustu. Biz ne oldu ki birden bire böyle sustu diye düşünürken söze tekrar başladı. "*Mecbur değilsiniz kahvemi yapmaya ama*" sözünün şeytanın mırıltısı olabileceğini söyledi. Sonra aynı çerçevede başka sözler sıraladı: "*Kusura bakmayın; kendimi anlatmak gibi olmasın ama… Âcizane, fakirane… Söylemek istemiyorum ama daha önceden meselenin bu noktaya geleceğini söylemiştim fakat siz dinlemediniz… Övünmek gibi olmasın ama bu meseleyi daha önce yazmıştım… Evet; bütün bu laflar, garur olan şeytanın aldatmasıdır.*"

Uhrevî meselelere dünyevî bir gözlükle bakınca karşımıza çıkan sonuç bu. "Aman canım, kaç para eder ki?" sözünün özetlediği felsefe ile bakıyoruz uhrâya ve ukbâya. Unutmuşuz bizi biz yapan değerleri. Eğer inandığımız değerlerin hayatımıza hayat kılınmasında mukayese yapacak olur ve bunda ölçü olarak asr-ı saadeti alacak olursak, karşımıza bir enkaz çıkar. Kimseyi aldatmanın manası yok; bizler parçalamışız dinî hayat bütünlüğünü. Hem içimizde, iç dünyamızda parçalamışız onu; hem de dışımızda, pratik hayatımızda. Bunun tabii sonucu olarak ne iç dünyamız itibariyle hakiki manada mü'min ve Müslümanız; ne de amelî yaşantımızla. Müslümanlık adına çok şeyler kaybetmişiz çok.

Başka delil aramaya ihtiyaç yok, İstanbul'dan Ankara'ya gider gibi ahirete gideceğine inanma, elimizdeki ölçülere göre yanlış olan bir iş için pişkinlik içinde "Allah sorsun, söylerim, cevabını veririm." deme yetmez mi? Öyle zannediyorum ki bu inanış, bu hâl ve bu tavır çoklarımızda var bugün!

REYSİZ RİVAYET VEYA RİVAYETSİZ REY

Doğru yazılışı re'y. Görüş, kanaat demek. Bir meselede kanaate varabilmek için elbette elde delilleriniz, bilgi birikiminiz, tecrübeleriniz olacak. Bunları zaman gelecek parçalara ayıracak, parçalardan hareketle bütüne ulaşacak; zaman gelecek bu zahmete katlanmadan resmin bütününü görünce sonuca varacaksınız; belki de bütünden parçalara inme ihtiyacı hissedeceksiniz. Buradaki esas nokta tahlil kabiliyetiniz; ufkunuzun enginliği; dünü, bugünü ve yarını bir bütün olarak görmeniz; beyan kudretiniz vs..

Tâbiîn'in büyük imamlarından İbrahim en-Nehaî'nin enfes bir beyanı var; der ki hadis rivayetiyle ilgili olarak: "Reysiz rivayet, rivayetsiz de rey doğru olmaz." Neden böyle diyor en-Nehaî; çünkü her hadisin neş'et etmiş olduğu bir zemin var. Siyasî, sosyal, ekonomik, kültürel bir arka plan var. Hepsinden öte insan unsuru var. Bütün bunları nazara almadan "Allah Rasûlü buyurdu ki..." deme ve sadece hadisi rivayet etme her zaman doğru sonuçlar karşımıza çıkarmaz. Onun için literatürde "sebeb-i vürûd" çok önemlidir. Aynı şey Kur'ân âyetleri yani Allah'ın irade-i kudsiye ve külliyyesi için söz konusu olunca "sebeb-i nüzul" ehemmiyetli hâle gelir. Tabii bir tek farkla; Allah'ın beyanının evrensellik ve/ya tarih-üstülük vasfını taşıması bir kenara ayrı not edilmesi lazım.

Yıllar önce Hocaefendi'den dinlemiştim hem de defalarca. Aynı konuya parmak basması itibariyle kaydını gerekli görürüm; Ebû Hanîfe Hazretleri için re'y ekolünün kurucusu derler ve bununla "Aklı hadislerin önüne geçirdi." gibi kabullenemez bir sonucu kasdederler. Yaşadığı dönemde de bu çeşit rivayetler ortada dolaşmaktadır. Büyük muhaddis A'meş bir gün İmam-ı A'zam'a vermiş olduğu bir hükmün delilini sorar. İmam-ı A'zam da "Senin ravisi olduğun şu, şu hadislere göre." der ve A'meş'in rivayet ettiği hadisleri sıralar. Hayranlık içinde muhatabını dinleyen A'meş en sonunda şu itirafta bulunur; "Benim rivayet ettiğim hadislerden bu hükümlerin çıkacağını bilmiyordum. Sizler doktor, bizler ise eczacıyız." A'meş'in kasdettigi mana açık. Belki "Nice hadislerim kendilerine ulaşan kişiler vardır ki hadisi rivayet edenlerden daha anlayışlıdır." hadisi de ihtimal buna vurgu yapıyor.

Niçin böyle bir giriş yaptım; şundan dolayı, Hocaefendi'nin ister ders isterse sohbet halkasında oturun, âyetlere getirdiği tefsirler, hadisler hakkında yaptığı şerhler, kelâmî ve fıkhî ictihadlara yaptığı izahlar, tasavvufa daldığında ise akıl-kalb birlikteliği ile çıktığınız yolculukta elde ettiğiniz zevkler ve aklî açılımlar karşısında ben her zaman A'meş'in İmam-ı A'zam'a yaptığı bu itirafı hatırlar, hayranlık duyar ya da duyduğum hayranlığı katlayarak içime gömerim. Şöyle de diyebilirim; "Reysiz rivayet, rivayetsiz rey doğru olmaz." tespitinin doğruluğunu mücerred değil müşahhas bir biçimde görür, tutar, tadar ve hissederim.

Engin bir deryaya dalarsınız Hocaefendi'yi dinlerken. Yüzme bilmiyorsanız –ki tasavvufî mevzuların derinliklerinde sıkça yaşanan bir olgudur bu– okyanusun ortasında boğulmamak için çırpınan, sahil-i selamete çıkmak için etraftan imdat çağrıları ile yardım dilenen bir insan gibi hissedersiniz kendinizi. Ele aldığı mevzuların günümüze bakan veçhesiyle yorumlamasına gelince biterim ben orada. Rasyonel olarak doğruluğuna itiraz edemeyeceğiniz görüşlerin, kanaatlerin, sonuçların dinî esaslarla nasıl temellendirildiğini görünce kendinizden geçersiniz.

Sözü uzatmadan birkaç örnek sunmak istiyorum yakın zamanlarda yapılmış ders ve sohbet ortamlarından. Böylece bu inci mercan hüviyetindeki tespitlerin dar bir halka ile sınırlı kalmamış olmasını sağlayalım.

"*Fiil herhangi bir harekettir; amel ise müsbet ve iradî davranışın adı. Meleklerde irade olmadığı için Kur'ân* يَعْمَلُونَ مَا يُؤْمَرُونَ değil يَفْعَلُونَ مَا يُؤْمَرُونَ (Nahl Sûresi, 16/050; Tahrîm Sûresi, 66/6) *diyerek buna işaret ediyor.*" Âyetin manası "Onlar emrolunduklarını yaparlar." demek.

"*Kavânîn-i fıtriyyede (tabiatta cereyan eden tabii kanunlarda) adiyet müstemir, fevkalâdelikler sınırlıdır; çünkü burası diyar-ı hikmettir. Ama ahirette tam tersi; adiyetler değil fevkalâdelikler müstemirdir; çünkü orası diyar-ı kudrettir. Aksi olsaydı dünyada nasıl ilim yapacaktınız ki?*"

"*Hiddet, şiddet, kin, gayz, nefret, öfke ya da rahmet, merhamet, sevgi, şefkat… Bunlar emsallerini doğurur. Hiddet şiddeti, rahmet şefkati vs. unutmayın; Allah ism-i Zatının arkasına Rahmân ve Rahîm isimlerini koymuş.*"

"*Ayet-i kerimede bir insanı öldüren bütün insanlığı öldürmüş gibidir." deniyor. Bunu şöyle yorumlayabiliriz; bir insan bir günaha açıksa ve onu işliyorsa, bütün günahlara açıktır ve onları işleyebilir. Onun için dikkatli olmalı ve mesâvi-i ahlâka dair işlerde ilk adımı atmamaya çalışmalıdır. Çünkü ilk adım atılırsa arkası gelir, gelebilir.*

Tam aksi istikamette yani hayır işlerinde yürüyenlere gelince; Üstad'ın yaklaşımıyla hayır işlerinde yürüyenler hayatlarında yapmak isteyip de yapamadıklarını yani boşluklarını niyetleri ile doldurabilirler. Allah'ın ahirette inşaalah vereceği cennet, rü'yet, rıdvan gibi büyük mükâfatların karşılığını bizim dünyada vermemiz imkânsızdır. Ancak siz dünya hayatında vicdanınızı inkişaf ettirerek, niyetinizin enginliği ile bu boşluğu doldurabilirsiniz. O zaman "Bu kul 60 sene yaşadı ama hayır yapma azim ve kararlılığı gösteriyor ki 1000 sene de yaşasaydı yine aynı şekilde bir hayır işlerinde ömür tüketirdi." denir ve 100 sene hayırda yaşanmış hayat gibi size sevap verilir. Şöyle diyebiliriz; ebedi saadet niyetlerin enginliğine bağlıdır."

Son tespit: "*Hz. Musa'ya kavmi "Sen ve Rabbin git savaş; biz burada oturuyoruz." (Mâide Sûresi, 5/24) demiş. Âyetin bize bakan vechesi şudur: "Dünyanın dört bir yanına açılıp insanlığa hizmet etme imkânının olduğu bir yerde ve zamanda herkes yollara dökülürken yolda kalıp "Haydi siz gidin; bir evde çoluk-çocuğumuzla oturuyoruz." veya "Kıl namazın, tut orucun, kurtulmana yeter." deyip koşa koşa kervana katılmayanlar olabilir. Bu olman gerekli olan yerde olmaman demektir ve böylelerinin fıska girme ihtimali yüksektir. Çünkü fısk olunması gerekli olan yerde olmama manasını taşır. Onun içindir ki yuvasından başını çıkaran hayvana fâsık denir.*"

Bu yazıda bu kadar. Deryadan birkaç damla....

SAYGI VE TENKİT

Okuduğunuz bu yazıyı kaleme almaya başlamadan önce uzun uzun düşündüm; nereden başlasam, hangi noktalara vurgu yapsam diye. O kadar çok şey geldi ki aklıma; hangisini, hangi sıralamaya göre yazma konusunda bir türlü karar veremedim. Düşünme süreci normalin üzerine çıkınca "vira bismillah" deyip bilgisarayın önüne oturup klavyenin tuşlarına basmaya başladım.

Şöyle diyorum; saygı ve tenkit. Bu iki kelime, iki kavram yan yana gelemez mi Allah aşkına? Tenkidi Arapçadaki "nakd" kökünden gelen ve Türkçemizde "yapıcı eleştiri" diye adlandırdığımız şey manasında kullanıyorum. Bu, mevcudun, tenkit edene göre yanlışlığını, bu yanlışlığın nedenini detayları ile anlattığı ve muhalif görüş ileri sürdüğü bir eleştiri demektir. Bu tür bir eleştiri –tenkid desek daha iyi olacak- hakikatin açığa çıkmasına yardımcı olur, hikmet avcılığı yapılır, insanlar iyiye, güzele, doğruya yönlendirilir, düşüncede çoğulculuk yakalanıp farklı ufuklara yolculuğa çıkılır.

Ama biz böyle yapmıyoruz; muhalif fikirler ortaya koyma, onları ilmî delillerle temellendirme yerine sadece tahribi düşünüyoruz. İlmin zerre miktar kırıntısının dahi olmadığı bu yıkıcı eleştiride karşı tarafı küçük düşürmeyi, hor ve hakir görmeyi hedefliyoruz sanki. Everest tepesi benzetmesi ile anlatabilecek egolarımızı tatmin ediyor, bir afet olan şöhrete şöhret ilave etme, maddî menfaatler devşirmeyi düşünüyoruz. Dinî, siyasî, iktisadî konular etrafında TV'lerde cereyan eden tartışmalara bakın inanın bu manzarayı görecek ve bana hak vereceksiniz. Acı ama gerçek bu bize bir muhalefet yapma kültürümüzün olmadığını gösterir.

Yıkıcı eleştiriyi bir kenara bırakıyor ve mücerred ilim açısından baktığımızda olan ve olması gerekli olan tenkide geçiyorum. Tenkid elbette yapılacak; bunu kabulde hiç kimsenin bir problemi yok; ama asıl problem -ki bu yazının yazılmasının nedeni de bubunu saygı ve hürmet içinde yapmamız. Yapamaz mıyız, bu kadar zor mu tenkid ile saygıyı yan yana getirmek? "Niçin yapmayalım ki?" bu soruya verilen bir cevap "Mümkün değil!', ikinci bir cevap "Makul olan bu, tarih içinde de hep böyle olmamış mı?', "Kardeşim bu eleştirinin ruhuna ters; sizin dediğiniz şeyler mazide kaldı, tarih oldu." argümanları her iki cevabın desteklendiği unsurlar.

Sözü uzatmayayım ve ilgi alanım itibariyle söyleyeyim; sadece 2011 Ramazan ayında gerek gazete sayfaları gerek TV ekranlarında boy gösteren nicelerinin hep bu ikinci dediğim kategoride yer aldıklarını gördüm. Teravih namazı tartışmalarını hatırlayın, ne demek istediğimi daha net anlayacaksınız.

Pekâlâ, istisnası yok mu bunun? Elbette var. Yıllar önce ilk defa Ali Bulaç Bey benim dikkatimi çekmişti buna. Demişti ki: "Hem bir taraftan selefe nihayetsiz saygı içinde olunacak hem de görüşlerini tenkit edecek. Ben böyle bir şeyin bu mükemmellikte yapıldığını ilk defa görüyorum." Neden böyle diyor Ali Ağabey. Çünkü İslâmî ilimler bunun en zor yapıldığı alandır; karşımızda yaşadıkları dönemlere damgalarını vurmuş, kendilerine çok şeyler borçlu olduğumuz devasa şahsiyetler vardır. Ben böyle derken, siz örnek olarak mezhep imamlarını aklınıza getirin, ne demek istediğimi daha net anlarsınız. İki; selefe saygı istikametinde var olan Kur'ânî ve Nebevî beyanlarımız yani değer yargılarımız denge korunamadığı takdirde engelleyici rol oynarlar.

Bu istisna sınıfına giren kişi veya kişiler kimler? Yüzlercesi binlercesi var ama ben tahmin ettiğiniz gibi Hocaefendi'den bahsedeceğim. Ramazan'da 20 tane tefsirin özetinin yapıldığı bir derste Hocaefendi bazı görüşleri tenkit ediyordu. Dikkat edin eleştiriyordu demiyorum; aksine o görüşe katılmadığını nedenleri ile anlatıyor ve alternatif düşüncesini ileri sürüyordu. Bir ara Kurtubî'nin bir âyete izah sadedinde getirdiği görüşlere muhalif olarak öyle şeyler söyledi ki, eğer imamı Kurtubî o salonda olsaydı gerek tespitleri gerekse saygı içinde bunları dile getirmesi karşısında kep çıkartır ve hakşinaslığın verdiği takdir hisleri ile sanırım Hocaefendi'ye karşı ayrı bir hürmet ve sevgi beslerdi.

Bu yazıyı kaleme alırken böyle diyorum ama ders esnasında böyle demedim. Söylenenleri dinleyip defterime not aldıktan sonra yanımda oturan arkadaşın kulağına eğilerek dedim ki: "Eğer bu tesbitleri falan yapsaydı, vay Kurtubî'nin haline. Ne dini kalırdı ne de imanı." Doğru muydu yaptığım? Ders ortamının ruhuna uygun olmayan böyle bir çıkış, huzuru ve ahengi bozan bu türlü bir fısıldaşma belki yanlıştı ama Hocaefendi'nin bu tavrına duyduğum hayranlık bana bunu yaptırdı.

Sadece imamı Kurtubî mi? Hayır, birçok müfessir için bu türlü tespitleri oldu Hocaefendi'nin sadece o derste. Müşahhas misal olsun diye söze nasıl başladığını anlatayım sizlere bir iki cümle içinde: "İmam-ı Kurtubî Endülüs'ün çok takdir ettiğim büyük bir âlimidir ama …", "Seyyid Kutup Merhum böyle diyor; İngiliz sömürgesinin hâkim olduğu bir vasatta neşet ettiği için bu meselede o bizden daha duyarlı olabilir fakat…", "Acaba İbni Cerîr bu hadise kaynak veriyor mu? Tahkik yapanlar vermiş mi? İbni Ebî Hâtim mi dediniz?...", "İmam-ı Serahsî'ye bir şey diyemeyiz.

Dinin ruhunu bilen, dev eserini kuyunun dibinde yazan fedakâr bir insandır o. Bu meselede bu kadar rahat konuşmasının sebebini tam olarak bilemiyoruz. Bana göre bu gibi ihtilaflı mevzularda işi uzmanlara...", " Dârakutnî hadiste büyük bir âlim ama o hadisin ravileri arasında Kelbî varsa..." Saygı ile tenkidin zerafet içinde yan yana gelişini gösteren enfes sözler ve alternatif düşünceler.

Söz buraya gelmişken hoş olmasa da bir hatıramdan bahsedeyim. Yıllar önce İmam-ı Nevevî'nin el-Ezkâr isimli eserini tahkik eden Sâbûnî'nin rivayet tekniğini alâkadar eden bir noktada hatasını görmüştüm. Hatasını görmüştüm diyorum şimdi ama hatasını görme değil de sanki bir suçunu yakalamışım gibi bir havam vardı. İbni Kesîr'in tefsirinde yaptığı hatalı tahkiklerden de örnekler vererek Sâbûnî hakkında konuşmuştum Hocaefendi'ye. Gerçek dahi olsa onu ifade tarzımdaki üslup hiç de hoş değildi. Hadisenin detayına vâkıf olmasa da benim konuştuklarımı dinleyenler rahatlıkla "Çokbilmiş, kendini bir şey zannediyor." hükmüne varırdı orada. Sözlerim biter bitmez öyle bir gadablandı ki ve bana "*Bak Ahmet Efendi diye başladı, rehberim*" diye devam etti. Bilenler bilir; Hocaefendinin dünyasında "bak, efendi, rehberim" sözlerinin ne manaya geldiğini, ne türlü bir atmosferi işaret ettiğini... Dersimizi almıştık ve iyi ki almışız ve umarım o dersin çizdiği çerçevede selef-i salihinle münasebetimiz devam ediyordur.

Bitirirken tekrar sorayım; bu kadar zor mu saygı ile tenkidin yanyana gelmesi veya şanlı ilim tarihimizde var olan bu geleneğin yeniden ihyası!

SEVGİ YUMAĞI

Sevgi yumağı denir halkımız arasında. Teşbih için kullanılan bir tabir bu. Derin manalar var içinde. Yumak, tel tel olmuş ipliklerin üst üste sarılmasından oluşan bir nesne. Üst üste, yan yana, alt alta gelen teller her an sıcak temas halindedirler yeni oluşturdukları yumak adını aldıkları nesne içinde. Ayrı ayrı olmaları durumunda hiç demesem de çok az mana ifade eden alabildiğine zayıf iplikler, yumak haline gelince ayrı bir güç, ayrı bir kıymet, ayrı bir ad ve ünvan kazanırlar.

Yumağın bir başka özelliği hâricî bir irade ile özenle ve dikkatle oluşturulduğunda dahi zaman zaman ancak İskender'in kılıcı ile çözülebilecek ölçüde kör düğüm olmasıdır. Parçalar birbirleri çok sevdiklerinde mi bu olmakta; yoksa hâricî iradenin yaptığı bir yanlışlık sonucu mu bu hâle düşmektedirler; bilemiyorum.

Ne anlatmak istiyorum bu teşbih ile? Bizim insan olarak, Müslüman olarak, hemşehri olarak vs. birbirimize karşı taşıdığımız hisleri sezen, huzurda veya gıyapta yaptığımız konuşmalara bakan birileri, bizim için "sevgi yumağı" teşbihini yapar mı? Daha açık bir ifadeyle; "Bunlar birbirlerini öylesine seviyor ki tabir caizse sevgi yumağı haline gelmişler. Kurdukları sıcak temas ile birbirleri ile öylesine bütünleşmişler ki bunların karşılıklı muhabbetlerini anlatmak için başka tabir bulamıyorum" der mi?

Benim bu soruya verecek net ve kesin bir cevabım yok. Bakış acısına göre değişir; karşılaşılan somut örneklere bağlı olarak farklılık arz eder bu sorunun cevabı. Çünkü iradî bir varlık olan insandan söz ediyoruz; şekillenmesini başkasına – hâricî irade dedim yukarıda- bırakmış iplikten, ipliklerin birleşiminden oluşmuş yumaktan değil.

Bizler beşerî münasebetlerde hata edebiliriz. "Âdem hata etti, evlatları da hata etti. Âdem unuttu; evlatları da unuttu." beyanı bizim genetik yapımızı anlatan enfes bir beyan-ı nebevî. Önemli olan hatada ısrarcı olmamadır. Önemli olan bu hataların sevgi yumağına menfî tesirinin olmamasıdır. Gösterilecek irade ile muhtemel menfî tesirlerin engellenmesi ve yola devam edilmesidir. Bunu ifade sadedinde geçenlerde dedi ki Hocaefendi: "*Seven sevdiğini azad etmez.*" Kölesini hürriyetine kavuşturma manasına gelen "azad" kelimesinden hareketle hemen sevdiğini kul-köle olarak kabullenir ve kullanır manasını çıkartmayın bu sözden. Aksine ölümüne bir sevgi demektir burada anlatılmak istenen. Kara gün dostu olma demektir. Ben böyle anlıyorum bu sözü şahsen. Devam etti; "*Eğer sevginizin dayandığı temeller sağlamsa, yani belli sâik ve belli sebeplerle seviyorsanız muhatabınızı, o sevgiyi hak ediyor demektir. Öyleyse yapılan hatalara da nazar-ı müsamaha ile bakarsınız.*"

Şöyle düşünüyorum; her şeyin bir ruhu vardır. Eşyanın taşıdığı kıymet, eda ettiği fonksiyona göre bir ruhu vardır ve sahibi ile münasebeti bu ruh ile doğru orantılıdır. Çok fonksiyonel, çok işe yarayan eşyalar vardır ama ruhî planda sahibi ile sahih bir iletişime geçemediyse, yeni olmasına rağmen partal bir eşya gibi sağa sola atılmaktan kendini kurtaramaz o eşya. Hocaefendinin taa ilkokul yıllarından beri sakladığı kalemtraşına, Erzurum'dan ayrılırken eşyalarını taşıdığı tahta bavulunun hala muhafaza edilmesine, 1999'da Türkiye'den Amerika'ya gelirken kulandığı takım elbisesini elbise dolabında tutmasına başka nasıl izah getirirsiniz ki?

Hayvanların da ve özellikle evcil hayvanların da bir ruhu yok mudur? Hayvanı cansız eşyadan ayıran ve ona canlılık özelliği veren ruhtan bahsetmiyorum; aksine sahibi ile olan münasebeti açısından taşıdığı ruhu kasdediyorum.

Tıpkı bu misallerde olduğu gibi birbirimize karşı duyduğumuz sevginin de bir ruhu vardır. Eğer sevgide bahse medar ruh yoksa o sevginin adı sadece sevgidir ve katiyen kalıcı değildir. Muhatap ister eşiniz olsun, ister arkadaşınız; ister hayvan olsun ister nebâtât ve cemâdât; değişmez bu gerçek. Sevgide ruh olmalıdır, ruh. "Ben dostlarımı ruhumla severim. O, ne durur, ne de unutur." diyor ya Mevlana. İşte Mevlana'nın dediği türden bir ruh; ne duran ne de unutan. Herşeye rağmen sevme, bu ruh ile mümkün.

Acaba diyorum; bu türlü sevgi örneklerine, isterseniz bir kademe ileri gidelim ve adına aşk diyelim; aşk örneklerine rastlayamayışımız mı bizi böylesi ruha sahip sevgiden mahrum ediyor? Kitap sayfaları arasında görüyor, menkibelerde dinliyor, sinema veya dizilerde seyrediyor ama gerçek hayatta örneğini görmediğimiz için mi sevgi yumağı haline gelemiyoruz?

Ya da sevginin teorik bilgileri, o bilgilerle ilke ve prensip halini alan, örf ve âdet şeklinde tezahür eden, gelenek, görenek derken kültür ve medeniyete dönüşen sürecinden mi habersisiz? Mesela "Nefsin için istediğini insanlar için de iste ki (hakiki) Müslüman olasın." beyanını nasıl anlıyoruz? Mesela: "Kendi nefsi için istediğini mü'min kardeşi için de istemeyen iman etmiş olamaz." hadisi bizim hayatımızda kendine nasıl yer buluyor? "İman etmedikçe cennete giremezsiniz, birbirinizi sevmedikçe de iman etmiş olamazsınız." hadisi ahirete ait bir vakıayı haber vermenin yanı sıra aynı zamanda bizler için bir tehdit unsuru olmalı değil mi? Biz bu bilgilere hangi ölçüde vâkıf, hangi ölçüde ilkeleştirmiş, hangi ölçüde hayatımıza mal edip irfan seviyesinde kabule mazhar kılmışız hem fert hem de toplum hayatımızda?

Bunlarla sevgide ifrata gidelim demiyorum; çünkü onun da nebevî beyanda yanlışlığının anlatıldığı malum. Şöyle diyor denge insanı Efendimiz (sallallahu aleyhi ve sellem): "Sevdiğini bir ölçüde sev, belki bir gün o düşmanın olur. Kızdığına da yine bir ölçüde kız, belki bir gün dostun olur." Neden? Hocaefendinin mülahazalarına göre şundan: "*İnsan bazen birilerini delice sever; ancak, bazen karşı taraftan aynı karşılığı göremez. Çünkü fıtrat, fıtrî olmayan şeyi reddeder. O zaman da sevgi, düşmanlığa dönüşür. Öyleki, daha önce övmede değer kabul ettiği bütün hasletler, daha sonra onu yermeye esas teşkil eder. Önce, kendi kendine, o şahıs için gönlünde bir Süleyman tahtı kurmuştur. Şimdi de o tahtı kırıp geçirmekte ve söküp atmaktadır. Kimbilir belki de ne kurduğundan ne de kırıp döktüğünden karşıdakinin hiç mi hiç haberi yoktur.*" Bu çarpıcı izaha âmennâ ama bizim bu yazıda bir zaviyeden şikâyetçi olduğumuz sevgisizliğe kapı aralamaz ki?

Yoksa diyorum ben, bizim iman ve tabii ki buna bağlı olarak amel sorunumuz mu var? Bu sorun sebebiyle mi Allah bizi cezalandırıyor. Beni böyle düşündüren şu âyet: "*İman edip salih ameller işleyenler için Rahman olan Allah (gönüllerde) bir sevgi yaratacaktır.*" (Meryem Sûresi, 19/96) Üzerinde düşünmeye değmez mi?

Sizin hiç üns esintilerinin oluşturduğu munis atmosferlerde ünsiyet ettiğiniz enisleriniz var mı?

İKİ GURBET ARASINDA BİR GARİP[1]

Mevlânâ Rabbe kavuştuğu günün "Şeb-i arûs" yani sevgilinin sevgilisine kavuştuğu "gerdek gecesi" olarak kabul edilmesi ve ona göre kutlanmasını istemiş müridlerinden. Maddî âlemde mananın temsilcisi, bedenen dünyada, ruhen ukbâda yaşayan ve Rabden ayrı geçen her günü zindanda işkenceler altında geçiriyormuş gibi ızdırap içinde yaşayan bir insandan daha farklı bir yaklaşım da beklenemezdi zaten?

Fethullah Gülen Hocaefendi Mevlânâ'dan farklı değil. Zaten bugüne kadar sergilediği karakteri, İslâm'ın ana kaynaklarına bağlı olarak yorumlayıp ortaya koyduğu hayat felsefesi ve bir dantelâ gibi binler-milyonlar arasında örgülediği düşünce ve aksiyon hayatı açısından bakanlar bu yüzden O'na "Asrın Mevlânâsı" demiyorlar mı? Her sabah yeni bir güne başlamanın, bir gün daha yaşayacak olmanın zevk, haz ve lezzeti içinde yatağından fırlayan bizlere inad, "Eyvah! Bugün de ölmemişim! Bir gün daha sevgililer diyarından uzakta kalacağım." diye diye yorgun argın yatağından doğrulan O değil mi?

Bakın şu sözler O'na ait: "*Daha önceki yıllarda mesela 17-18 yaşlarımda iken genelde bir-iki yıl daha yaşarım diyor, planlarımı*

---

1 Bu yazı18 Mart 2005 günü Hocaefendi'nin Amerika'ya gelişinin 6. yılı münasebetiyle www.fgulen.org sayfasında yayınlamak üzere kaleme alınmıştır.

ona göre yapıyordum. Bugün ise daha farklı görüyorum hayatı. Gençlik günlerimde dünya-ukbâ yan yana geldiğinde ukba bir-iki adım öndeydi. Ama bugün, dünya sanki hiç yok ve ukbâ yakınlardan daha yakın. Hakkalyakîn görüyorum bazı şeyleri. Her günümü son günüm diye bekliyorum. Bırakın yanlışlık yapmayı, o yanlış veya hata ne derseniz deyin aklımdan geçse; "Aman! Hataya, isyana, günaha bir saniye dahi olsa ömür tanımamalıyım. Ya şu an emri hak vaki olsa! Ya Allah'ın huzuruna böyle çıkarsam! deyip kendimi secdeye, istiğfarın kucağına atıyorum. En azılı düşmanım bugün gelse yedirir, içirir, ağırlarım, ama kendimden kaynaklanan hatalar mı? Aman Allah'ım! Onların bir saniye bile olsa yaşama hakları yok." diyorum. Rabbim herkese yakın "durmayı", durmadan ziyade "olmayı" nasip etsin. Kurbeti yani. Zira kurbet olmayınca gurbet olur. Kaldı ki gurbetlerin en acısı da budur. Vatandan, anadan, yardan, eş ve dosttan değil Allah'tan cüda düşmek esas gurbettir."

Öyleyse diyelim; asıl mekânı 'ötesi' bilen böylesi insanlar için dünya diyar-ı gurbettir. Bu perspektiften bakılınca asıl gurbeti ahirete, onun ebediliğine, dünyaya, onun geçici ve faniliğine inandığı hâlde bu inancı davranışlarımıza yansıtamayan bizler yaşıyoruz. O hâlde acınmaya, akıbetleri hakkında üzüntü duyulmaya muhtaç olan, inanç ve amel ufkuyla bulunması gerekli yerden fersah fersah uzakta olan bizleriz. Biziz asıl garip, o değil.

Bu Hocaefendi'nin yaşadığı gurbetin birinci boyutu. İkinci boyutuna gelince doğduğu, büyüdüğü kara parçasından ayrı bir yerde yaşıyor olmasıdır. Coğrafi manada ister vatan sathında isterse dışında insanın köyünden, kasabasından, vilayetinden uzak yaşaması gurbetin ta kendisidir. Edebiyatımız içinde üzerine nice şiirlerin yazıldığı, nice türkülerin yakıldığı, nice destanların kesildiği gurbet bu gurbettir. Kim olursa olsun etten kemikten varlığa sahip, duygu, his, hatıra, hayal dünyasında coşkunluğa ulaşmış herkesin iradî veya icbârî olarak yaşadıkları bu gurbette, sıla vazgeçilmez ve teskin edilmez bir düşünce ve duygu olarak sürekli karşımıza çıkar.

Hele bu kişi hayatını ülkesine, ülküsüne, milletine, kültürüne ve dinine adamış, bu uğurda "Davam!" deyip her türlü dünyevî zevk ve lezzeti terk etmiş bir insansa! Bir de o insan hiç hak etmediği hâlde bin bir türlü entrikalarla vatan toprakları dışında kalmaya zorlanıyorsa! İşte bu insanın yaşadığı sıla özlemini kelimeler kalıbına döküp ifade etmek imkânsızdır. Kalemle mürekkebin kâğıt üzerinde birleşip feryat edemediği yerlerden herhalde birincisidir bu. "*Yuvadan ayrıldığım günden beri/ Gömdüm sineme sevinci kederi*" türü ifadeler ise deryadan bir katredir. Zira bu tür bir özlem sadece yaşanır. Bu açıdan değerlendirince, o bir gariptir. Çok sevdiği vatanından, her karışına elli canı olsa seve seve feda edeceğini defaatle ifade ettiği memleketinden, uğrunda ölümü göze aldığı arkadaşlarından cüda düşmüş -affedersiniz düşürülmüş- bir gariptir o. Hem de bu ruh ve duygu coşkunluğunda her günü bir yıl-bin yıl kadar insana acı ve ızdırap veren 6 yılını diyarı gurbette dolduran bir garip.

Diyebilirsiniz ki devletin en yetkin ağızları Hocaefendi'nin ülkesine dönmesi adına ne siyasî, ne hukukî hiçbir engelin bulunmadığı ifade ediyorlar. Doğru. Zaten Hocaefendi'yi büyük yapan, yaşadığı gurbeti, gurbet içre gurbet yaptıran da bu değil mi? Bazıları vardır ki yaptıkları ile büyük olduğu kadar yapmadıkları ile de büyüktür. Hatta yapma imkân ve kudretine sahip olduğu hâlde yapmadıkları, yaptıklarının çok ama çok önündedir. Düşünün bir Fatih'i. Onu esas büyük yapan İstanbul'un fethinden ziyade, bir tek emir ile dün kendisini öldürmek için kılıcı sallayan düşmanlarını affetmesi değil midir?

Doğru, Hocaefendi hemen ülkesine dönebilir ama hayaller dünyasında ömür tüketmiyoruz. Gözümüzün önünde cereyan eden şeyleri de bir bilmecenin eksik karelerini andıran perde arkasında çevrilen dolapları da görüyor ve biliyoruz. Anadolu insanı artık 50 yıl öncesinin alabildiğine saf, alabildiğine aldatılmaya hazır kitlesi değil. O köprünün altından çok suyun aktığının başkaları da fark etmeli artık.

Ne diyor bakın kendisi 5 yıllık suskunluğunu bozduğu röportajda: "*Türkiye'ye ne zaman gelirsem geleyim o gün fırtınayı (18 Haziran 1999 kaset hadisesi) koparanlar, hortumları meydana getirenler, isnatta bulunanlar, idam fermanı kesenler yine aynı şeyi yapacaklar.*" Zaten şu anda yapılanlar bu yapılacak olanların habercisi değil mi?

Öyleyse kök ve kaynakları alabildiğine derinlere uzanan bu güçlerin karanlık emellerini yerine getirme fırsat ve zemini vermemek için hasretini, özlemini, çile ve ızdırabını derinlerden derin sinesine gömüp iradî başlayıp icbâra dönen, sonra tekrar iradî hâle gelen gurbetine katlanması onun milleti uğruna katlandığı fedakârlığın bir başka remzidir. Tarihin sis perdelerinin aralanıp, hakikatlerin gün yüzü gibi açığa çıkacağı günler geldiğinde, onun temkin ve temekkün dolu bu davranışının nedenleri çok daha iyi anlaşılacaktır. Bilmiyorum ki o gün geldiğinde, bugün bazı dostlar başta olmak üzere ağızlarını doldura doldura konuşanlar ve cevredenler ne diyecekler?

Ümit, Hocafendi'nin tüm düşünce ve duygu dünyasını sarmış en önemli kavramdır. Ümit Hocaefendi'de, bitmez tükenmez biz hazine gibidir. Her zaman müracaat ettiği bir Hızır çeşmesidir adeta. En karanlık dönemlerde, devletin inzibat güçleri tarafından takip edildiği en amansız devrelerde bile o ümit soluklamış, ümit yazmış, ümit konuşmuştur. Öyleyse ümitsiz olmamak, maddî ve manevî boyutları ile bu gurbetin ahiret dâhil hayatın bir kesitinde mutlaka biteceğine inanmak ve hiçbir şey olmamış gibi yolumuza devam etmek şiarımız olmalı. Ne diyor Hz. Allah o yüce beyanında bir bakın: "*Zafer günlerini insanlar arasında nöbetleşe döndürür dururuz. Allah zalimleri sevmez.*" (Âl-i İmrân Sûresi, 3/140) "*Güzel akıbet, elbette müttakilerindir.*" (A'râf Sûresi, 7/128)